看图识国家

Identifying a Country in Pictures

傅爱仁　王冬梅　编著

山东城市出版传媒集团·济南出版社

图书在版编目（CIP）数据

看图识国家.一/傅爱仁,王冬梅编著.—济南：
济南出版社,2017.9
ISBN 978-7-5488-2716-0

Ⅰ.①看…　Ⅱ.①傅…　②王…　Ⅲ.①世界-概况-
青少年读物②亚洲-概况-青少年读物 Ⅳ.①K91-49
②K93-49

中国版本图书馆 CIP 数据核字（2017）第 205627 号

责任编辑　张伟卿
责任校对　姚晓亮　马永靖
封面设计　杨建明

出版发行　济南出版社
地　　址　济南市二环南路 1 号（250002）
经　　销　新华书店
发行热线　0531-86131728　86922073
编辑热线　0531-86131741
印　　刷　山东海蓝印刷有限公司
版　　次　2017 年 9 月第 1 版
印　　次　2017 年 9 月第 1 次印刷
成品尺寸　150mm×230mm　16 开
印　　张　6
字　　数　90 千
印　　数　1—5000 册
定　　价　28.00 元

中国 / 1

越南 / 20

日本 / 7

老挝 / 22

蒙古 / 12

缅甸 / 24

朝鲜 / 14

印度 / 26

韩国 / 16

斯里兰卡 / 28

马尔代夫 / 30

孟加拉国 / 40

阿富汗 / 32

哈萨克斯坦 / 42

巴基斯坦 / 34

吉尔吉斯斯坦 / 44

尼泊尔 / 36

乌兹别克斯坦 / 46

不丹 / 38

土库曼斯坦 / 48

塔吉克斯坦 / 50

卡塔尔 / 60

沙特阿拉伯 / 52

巴林 / 62

阿拉伯联合酋长国 / 54

科威特 / 64

阿曼 / 56

格鲁吉亚 / 66

也门 / 58

亚美尼亚 / 68

阿塞拜疆 / 70

黎巴嫩 / 80

伊朗 / 72

巴勒斯坦 / 82

伊拉克 / 74

以色列 / 84

叙利亚 / 76

泰国 / 86

约旦 / 78

土耳其 / 88

中国

The People's Republic of China

全称"中华人民共和国"。1949年10月1日中华人民共和国成立。历史上先后历经夏、商、周、秦、汉、三国、晋、南北朝、隋、唐、五代、宋、元、明、清、中华民国等。图为首都北京天安门。

国 都

北京,简称"京"。是中国共产党中央委员会、中华人民共和国政府所在地。中央4个直辖市之一,是全国政治、经济、科学文化的中心,也是国内国际交往的中心之一,是金、元、明、清等多朝古都和世界历史文化名城。在1949年3月5日西柏坡召开的中共七届二中全会上,确定新中国的首都定在北平(现北京)。

1949年9月中旬,毛泽东等中央领导人由北平香山移居中南海,并出席了全国政协筹备会第二次会议。9月21日,中国人民政治协商会议第一届全体会议在中南海怀仁堂举行,27日与会代表通过决议案,确定中华人民共和国国都定于北平,并自即日起将北平改名为北京。

2:3

国 旗

五星红旗。1949年9月27日,新政协形成决议,决定中华人民共和国国旗为五星红旗。红色象征革命,黄色象征光明,4枚小星均有一个尖正对大星中心点,象征中国共产党领导下的革命人民大团结和人民对党的衷心拥护。

国 徽

1950年初,按照中共中央的指示,清华大学和中央美术学院分别成立了两个国徽设计小组,组织了梁思成和张仃等著名专家、画家进行设计,最后由周恩来总理根据大多数委员的意见采用了清华大学设计的方案。国徽以五星、天安门、齿轮、谷穗及绶带作为题材内容,用国旗上的五星代表中国共产党领导下的全国人民大团结,用天安门图案作为民族精神和首都北京的象征,用齿轮和谷穗象征着中国最广大的工人阶级和农民阶级。图案还使用传统民族色彩红、金二色作为衬托和对比。

国 歌

《义勇军进行曲》。诞生于1935年，文学家、剧作家田汉作词，中国新音乐运动的创始人、人民音乐家聂耳作曲。这首歌原为电影《风云儿女》的片尾主题歌，被称为"中国民族解放的号角"，诞生以后在人民群众中广为流传，对激励中国人民的爱国主义精神产生过巨大作用。第二次世界大战期间，国外很少有人知道中华民国国歌是中国国民党党歌《三民主义歌》，反法西斯同盟国普遍认为中国国歌是《义勇军进行曲》。

在中华人民共和国成立前夕，首届中国人民政治协商会议开会商讨国歌。国旗国徽评审小组的两位组员，著名画家徐悲鸿委员和著名建筑学家梁思成委员，力荐以《义勇军进行曲》作为国歌。毛泽东、周恩来表示支持。1949年9月27日，全国政协第一届全体会议通过决议，在中华人民共和国国歌未正式确定之前，《义勇军进行曲》为代国歌。"文革"期间，由于歌词作者田汉被打倒，《义勇军进行曲》只能由乐队演奏。1978年3月5日，五届全国人大一次会议通过了《义勇军进行曲》新词。1982年12月4日，五届全国人大五次会议通过决议，重新恢复由田汉作词、聂耳作曲的《义勇军进行曲》为中华人民共和国国歌。2004年3月14日，十届全国人大二次会议通过宪法修正案，明确规定"中华人民共和国国歌是《义勇军进行曲》"。

义勇军进行曲

起来！
不愿做奴隶的人们！
把我们的血肉，
筑成我们新的长城！
中华民族到了最危险的时候，
每个人被迫着发出最后的吼声。
起来！
起来！

起来！
我们万众一心，
冒着敌人的炮火，
前进！
冒着敌人的炮火，
前进！
前进！
前进！进！

国庆日

10 月 1 日。1949 年 12 月 2 日，中央人民政府委员会第四次会议接受全国政协的建议，通过了《关于中华人民共和国国庆日的决议》，决定每年的公历 10 月 1 日，即中华人民共和国宣告成立的日子，为中华人民共和国国庆日。

国 教

无。中国是个多宗教的国家，没有法定国教。儒家学说是中国历史上占统治地位的主流意识形态，对当代中国人的思想行为影响也很大，但通常不被认为是一种宗教。中国人信奉的宗教主要有佛教、道教、伊斯兰教、天主教和基督教。

国 服

未定。中山装曾一度被世界公认为中国的"国服"。1911 年辛亥革命后，孙中山设计了中山装；1929 年，国民政府将中山装定为礼服，同年公布的《服装条例》又选定旗袍为"国服"。中山装虽然在中华人民共和国成立后未被明确为国服，但在相当长的一段时间里，党和国家领导人带头穿，大部分国家公务人员也将其作为制服。

国语

官方语言为汉语,通用普通话。普通话以北京语音为标准音,以北方话为基础方言,以典范的现代白话文著作为语法规范。普通话在民国时期统一称作"国语",中国台湾至今仍然沿用"国语"叫法,在新加坡等一些国家的华人社区则称其为"华语"。三种称谓,名称不同,实质相同。

中华人民共和国成立以后,为了对少数民族的语言文字表示尊重,避免"国语"这个名称可能引起的误解,1955 年 10 月相继召开的全国文字改革会议和现代汉语规范问题学术会议,决定将规范的现代汉语定名为"普通话",并确定了普通话的定义和标准。其中"普通"二字的含义是"普遍"和"共通"。1982 年《中华人民共和国宪法》明确规定:"国家推广全国通用的普通话。"

国币

人民币。人民币是中华人民共和国大陆地区的法定货币。其正式的 ISO 4217 简称为 CNY(China Yuan),不过国际上更常用的缩写是 RMB(Ren Min Bi);根据《中国人民银行会计基本制度》第三章第二十六条规定,人民币符号为"￥"。《中华人民共和国中国人民银行法》第三章第十六条及第十七条规定:中华人民共和国的法定货币是人民币。人民币的单位为元,人民币辅币单位为角、分。主辅币换算关系:1 元等于 10 角,1 角等于 10 分。人民币没有规定法定含金量,它执行价值尺度、流通手段、支付手段等职能。人民币按照材料的自然属性划分,有金属币(亦称硬币)、纸币(亦称钞票)。无论纸币、硬币均等价流通。中国人民银行是国家管理人民币的主管机关,负责人民币的设计、印制和发行。中国人民银行自 1948 年 12 月 1 日成立以来,至今已发行五套人民币,形成了包括纸币与金属币、普通纪念币与贵金属纪念币等多品种、多系列的货币体系。

未定。全世界约有花卉 3 万种，原产于我国的花卉就有近两万种。"没有中国的花卉，便不成花园。"20 世纪 90 年代中期，全国花卉协会曾举行了一次国花评选，结果是牡丹当选，春兰、夏荷、秋菊、冬梅作为四季花成为"辅助国花"。但这一评选只止于花卉协会的公告，并未进入国家立法程序。

国花

未定。中国是植物资源大国，没有国树不无遗憾。2004 年 3 月在十届全国人大二次会议上，《确定银杏树为中国国树的议案》成为人大代表联名最多的议案。此外，把国槐作为国树的呼声也很高。《说文解字》称："槐，木也，从木，鬼声。"在古人看来，国槐不仅神奇异常，而且有助于怀念故人，决断诉讼，是公卿的象征。周代朝廷种三槐九棘，公卿大夫分坐其下，面对着三槐者为三公座位。后世在门前、院中栽植，有祈望子孙位列三公之意。民间流传"门前一棵槐，财源滚滚来"的民谣，有祈望生财致富之意。尤其是清朝以后，海外游子大量增多，国槐因寓意"怀念家国"而备受海外游子青睐，成为民族凝聚力的象征物之一。其他成为国树呼声较高的还有松树、水杉等。

国树

未定。根据《中国国家地理》杂志的网络调查结果，凤凰以绝对优势高居候选国鸟的榜首。在所有"国字号"名片的候选对象中，"凤凰"的出现既显另类又很自然。另类的是，它在现实中并不存在；自然的是，它在绝大多数中国人的心目中却是真实存在的，在精神上早已经是中国人心目中的国鸟。支持者认为，中国人对凤凰的热爱深入骨髓，不独人名、地名、物名、商标名，乃至语言、文学、民俗、节庆，其影响无所不在。中国人把一切美好都赋予了凤凰——美丽、吉祥、善良、宁静、有德、自然。凤凰崇拜是一种浓厚的民族情结。如果能跳出纯生物学的窠臼来评选国鸟，那么国鸟非凤凰莫属。除了凤凰，丹顶鹤、朱鹮、红腹锦鸡、画眉、喜鹊等也是候选国鸟中呼声较高的。后者都是现实存在的，又都是国家级的保护动物，甚至是世界级的濒危动物。

国鸟

国兽

未定。中国古代曾以龙或者麒麟作为国家的象征，但并没有确定它们为"国兽"。有观点认为，龙和麒麟都是虚幻之物而非真正动物，所以不能作为国兽。不少人认为，大熊猫应当是国兽首选，因为大熊猫有"活化石"之称，是世界上最珍贵的动物之一，属于国家一类保护动物，向来有"国宝"之称；不但被世界自然基金会选为会标，而且还经常担负"和平大使"的任务，远渡重洋，到国外攀亲结友，深受各国人民欢迎。

国石

未定。中国素有"宝玉石之国"的美称。目前，中国已发现宝玉石332种。其中，宝石51种，玉石121种，有机宝石12种，观赏石122种，砚石26种。宝玉石产地达6000余处。世界著名科学技术史专家李约瑟曾经指出："对玉的爱好，可以说是中国文化特色之一。3000年以来，它的质地、形状和色彩一直启发着雕刻家、画家和诗人的灵感。"2000年初，中国宝玉石协会约请全国各省、自治区、直辖市近百名宝玉石专家，在北京召开了中国国石研讨推荐会，确定推荐国石的基本原则是原石美、制品美和历史悠久，在中国开发前景广阔，为中国人民和海外侨胞所喜爱。这次会议最后从中国的121种玉石中，推荐出了新疆和田玉、河南独山玉、辽宁岫岩玉、浙江昌化鸡血石、福建寿山石、浙江青田石等6种玉石，作为候选国石报送国家有关部门遴选。2000年5月，又一次评选出了中国十大候选国石，其排名顺序是：辽宁岫岩玉、福建寿山石、新疆和田玉、浙江昌化鸡血石、内蒙古巴林石、台湾红珊瑚、浙江青田石、福建华安玉、河南独山玉和湖北绿松石。

日本

Japan

全称"日本国"。在古代日本神话中,日本人称其国家为"八大洲""八大岛国"等。据《汉书》《后汉书》记载,我国古代称日本为"倭"或"倭国"。公元5世纪日本统一后,国名定为"大和"。古代日本人崇尚太阳神,太阳被视为国家的图腾。相传在7世纪初,日本的圣德太子在致隋炀帝的国书中写道"日出处太子致日落处太子",这就是日本国名的雏形。7世纪后半叶,日本遣唐使将其国名改为"日本",意为"太阳升起的地方",其后一直被沿用,成为日本的正式国名。此外,在汉语中,"扶桑""东瀛"也是日本国名的别称。日本有时也被称为"日之国"。图为富士山。

东京。全称东京都,是日本的政治、经济、文化中心,海、陆、空交通的枢纽,现代化国际都市和世界著名旅游城市之一,与周边各市紧密相连组成世界上最大的都市区。东京有许多名胜古迹和著名国际活动场所。市中心的丸之内是东京银行最集中的地方,乐町区的剧场和游乐场所最多,银座区的商业因世界百货总汇而闻名,这三个区是繁华东京的缩影。东京位于本州岛关东平原南端。

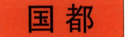

国 都

国 旗

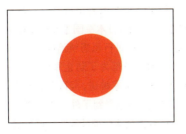

2:3

太阳旗。呈长方形。旗面为白色,正中有一轮红日。白色象征正直和纯洁,红色象征真诚和热忱。传说日本是太阳神所创造,天皇是太阳神的儿子,"太阳旗"即来源于此。1870年,日本天皇正式下诏把它定为日本国旗。

国徽

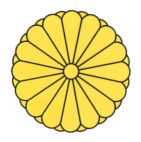

未定。代国徽是一枚16瓣黄色菊花图案。这个由16瓣匀称花瓣组成的圆形黄色菊花瓣图案，本是皇家徽记，经常出现在日本天皇及皇室使用的器皿上。在日本，法律上并没有确立正式的国徽。

国歌

《君之代》。虽然已经诞生一百多年，但一直没有正式成为日本国歌。直至1999年，根据日本的《国旗及国歌法》，《君之代》才被正式定为日本国歌。曲调富有民族特色，原曲是由宫内省式部察乐师奥好义谱写，1880年又经雅乐师林广守（1831~1896）改编；歌词源自一首古诗，大意是：

吾皇盛世兮，千秋万代；

砂砾成岩兮，遍生青苔；

长治久安兮，国富民泰。

国庆日

12月23日。一般来说，日本没有国庆日这一说法，在日文字典里也查不到"国庆日"一词的解释。可能是因为日本没有经历过独立战争，所以国民一般无明确的建国概念。虽然有个"建国纪念日"——2月11日，因为据传说，神武天皇于公元前660年的这一天统一日本（旧称纪元年，战后一度废止，1966年又恢复），但日本的"国庆日"和英国一样，也是以立宪君主在任天皇的生日为国庆日。现任明仁天皇是日本第125代天皇，1933年12月23日出生，其诞生日12月23日作为国家节日放假一天。

国教

无。日本是个多宗教国家，主要有神道教、佛教、基督教三大宗教和许多小宗教。二战前，日本军国主义当局以神社神道为主体，建立了旨在对国民进行思想统治的"国家神道"；二战以后，占领日本的盟军总部为了防止军国主义在日本复活，于1945年12月向日本政府下达"神道指令"，废止国家神道，实行政教分离。神道教是日本传统的历史悠久的宗教，产生于日本本土文化，但也受到了外来文化影响。其信徒分别与设在各地的神社或教会保持着某种联系。一般根据这些神社等组织的性质，将神道分为两类，即神社神道和教派神道。

日本语。是一种主要为日本列岛上大和民族所使用的语言，是日本官方语言。日语有两套表音符号：平假名和片假名。日常生活多使用假名和汉字，罗马字多用于招牌或广告，日语汉字的注音不用罗马字而用平假名。日语的语言学归属十分复杂，语言学家对于日语的起源存在多种不同看法或观点。有学者认为，从句法上说，日语接近诸如土耳其语和蒙古语之类的阿尔泰语言，但日语在句法上与朝鲜语相似也得到广泛承认。也有证据表明，日语词法和词汇在史前曾受到南面的马来－波利西亚语的影响。从语言学上来说，日本近乎单一民族，99％以上的人口使用同一种语言，意味着日语是世界第六大语言，但日语在日本以外的地区很少被使用。

国语

国服

和服。和服是日本传统的民族服装，在日本也称"着物"。和服是仿照中国隋唐服式改制的。公元8~9世纪，日本一度盛行"唐风"服装，之后虽形成日本独特风格，但仍保留有中国古代服装的痕迹。女性和服的款式和花色是区别年龄和结婚与否的标志。例如，未婚的姑娘穿紧袖外服，已婚妇女穿宽袖外服；梳"岛田"式发型(日本式发型之一，呈钵状)、穿红领衬衣的是姑娘；梳圆发髻、穿素色衬衣的是主妇。和服不用纽扣，只用一条打结的腰带。腰带的种类很多，其打结的方法也不同。比较广泛使用的一种打结方法叫"太鼓结"，在后腰打结处的腰带内垫有一个纸或布做的芯子，看上去像个方盒。这就是我们常看到的和服背后的那个装饰物。由于打结很费事，后又出现了备有现成结的"改良带"和"文化带"。虽然今天日本人的日常服装早已被西服所取代，但在婚礼、庆典、传统花道、茶道以及其他隆重的社交场合，和服仍是日本人公认的必穿礼服。

国币

日元。日本的货币发行银行是日本的中央银行——日本银行。日本银行发行的纸币面额有10000元、5000元、1000元、500元、100元、50元、10元、5元、1元等面额，另有500元、100元、50元、10元、5元、1元铸币。1日元等于100钱。1871年5月10日，日本在法律上确立了以黄金为基础的货币制度，同时公布了《新货币条例》，条例称"新钱币的称呼以元作为起源"。"元"作为货币单位代替了德川时代以来的"两"（四进位法）。1日元的价值定为1500毫克黄金，制造金币以此为标准，金币和辅币都铸成圆形，采用十进位法。日本钞票正面文字全部使用汉字（由左至右顺序排列），中间上方均印有"日本银行券"字样，背面则有用拉丁文拼音的行名"NIPPON CINKO"（日本银行）、货币单位名称"YEN"（元）字样。各种钞票均无发行日期，发行单位负责人使用印章的形式，即票面印有红色"总裁之印"和"发券局长"图章各一个。1984年11月1日，日本银行发行了10000元、5000元、1000元三种新钞票。过去使用的10000元（圣德太子像）、5000元（圣德太子像）、1000元（伊藤博文像）、500元（岩仓具视像）4种钞票仍继续流通使用。

国花

樱花。3月15日是日本的樱花节。日本盛产樱花，号称"樱花之国"，有一千多年的种植史，以及三十多个种类、三百多个品种。日本人之所以如此喜欢樱花，一是喜欢它的纯洁、清雅和高尚，二是喜欢它给人们带来了美好春光，三是喜欢它那毫不迟疑地开落的豪爽性格。在平安幕府时代，武士们将樱花的瞬开瞬落当作他们"视死如归"的气概，认为人生和樱花一样短暂，应在有生之年做出一番轰轰烈烈的事迹。武士们如果失败，就在樱花树下剖腹自尽。樱花花期很短，在日本有"樱花七日"的谚语。

国 树

杉树。屋久岛的代表性植物——屋久杉,特指树龄在一千年以上的古杉树。在云雾缭绕的高山地带生长的杉树,能从叶子和树枝上长出复根,姿态千奇百怪。1966年发现的一棵生长在海拔1350米处的古杉树,被命名为"绳文杉"(树龄在2170~7200年),它被认为是世界上树龄最长的杉树。

绿雉。1947年被定为国鸟。当时日本国内保护鸟类的思想并不普及,到处都有捕捉野鸟的情况。为了改变日本国民的这个陋习,驻守日本的盟军司令部指示奥斯丁博士督促当时的日本农林省制定更严格的狩猎法律,同时要求文部省(教育部)加强爱鸟教育。先是设立爱鸟日(4月10日),以后演变为爱鸟周(5月中旬)。当时日本的文部省为了推行保护鸟类措施,决定评选国鸟。1947年3月22日,日本鸟学会举行第81次例会,共有22名鸟类学家参加,经过投票选绿雉为国鸟。选绿雉为国鸟的理由是:它是日本特产,在本州、四国、九州等大岛是留鸟,容易见到;雄鸟色

国 鸟

彩美丽、个性勇敢,雌鸟有强烈母爱(日本传说中,在大火燎原的时候,母雉仍不会舍巢而去,会不顾危险伏在巢上保护它的卵);在日本的文学与艺术当中占重要位置;绿雉是狩猎鸟,而且好吃(这个理由现在看来不可思议,但那时是个一本正经的理由)。

水晶。不少日本人认为水晶有灵性,象征纯净、永恒,常用水晶制作佛像等圣物。

国 石

蒙古

Mongolia

全称"蒙古国"。国名的蒙古语意为"永恒的火焰"。该国位于中华人民共和国和俄罗斯之间，是一个内陆国家。图为位于首都乌兰巴托市中心的成吉思汗广场。

国 都

乌兰巴托。始建于 1639 年，当时称"乌尔格"，蒙语为"宫殿"之意，为喀尔喀蒙古活佛哲布尊巴一世的住地。乌尔格在此后的 150 年中，游移于附近一带。1778 年起，逐渐固定于现址附近，并取名"库伦"和"大库伦"，蒙古语为"大寺院"之意。1924 年蒙古人民共和国成立后，改库伦为乌兰巴托，并定为首都，意思是"红色英雄城"。 乌兰巴托是一座具有浓郁草原风貌的现代城市，面积 4704 平方公里。

国 旗

1：2

呈长方形。旗面由三个垂直相等的竖长方形组成，两边为红色，中间为蓝色。左边的红色长方形中有一个黄色的索永布；索永布是蒙古民族一个古老的图案，是蒙古民族自由、独立的象征。背景的红色代表了进步与繁荣，蓝色代表了永恒的蓝天。

国 徽

呈圆形。圆面为蓝色，中间是一匹飞奔的骏马，马中间的图案与国旗上的相同，马之下是青山、法轮、哈达和莲座，代表蒙古人民的宗教信仰，外环顶端是三宝。

国庆日

7月11日。1997年6月13日，蒙古国庆中央委员会第三次会议决定将蒙古国庆易名为"国庆日－那达慕"。那达慕，蒙语意为"游戏"或者"娱乐"，原指蒙古民族历史悠久的"男子三竞技"（摔跤、赛马和射箭），现指一种按着古老的传统方式举行的集体娱乐活动，富有浓郁的民族特点。

《蒙古国国歌》。旋律创作于1950年。由蒙古作曲家贝利金·达姆丁苏伦和卢沃桑坚特斯·穆日约吉合作完成。乐曲启用于1961年，曾三次填词成为国歌。

蒙古国国歌

我们不动摇的独立国度，所有蒙古人的神圣先祖，所有世界上的善行造福，永远的坚定无尽的前途。同全世界真诚国家共处，把我们的联系合作巩固，尽我们意志力量的全部，去开发我们热爱的蒙古。

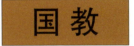

根据《国家与寺庙关系法》的规定，喇嘛教为国教。还有一些国民信奉土著黄教和伊斯兰教。

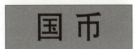

图格里克

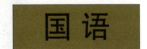

官方语言为喀尔喀蒙古语。老一辈懂俄语，新一辈懂英语。除了官方语言外，另外有15%的国民说其他蒙古方言，少数民族使用土耳其语系方言；西部哈萨克族聚居的地方，人们说哈萨克语。

朝鲜

Democratic People's Republic of Korea

　　全称"朝鲜民主主义人民共和国"。朝鲜语意为"朝日鲜明",即清晨之国。公元 1 世纪前后,朝鲜半岛上出现了高句丽、百济、新罗三国。10 世纪时,高句丽王朝代替了新罗王朝,改国号为"高丽"。14 世纪末,高丽三军都总制使李成桂建立李氏王朝,改国号为"朝鲜"。朝鲜这一名称除 1897 年一度改称"大韩"外,一直沿用至今。图为首都平壤凯旋门。

国都

　　平壤。朝鲜最大的城市,政治、经济和文化中心。位于朝鲜半岛西北部,大同江横跨其中,是朝鲜半岛历史最悠久的城市。

国旗

　　呈长方形。旗面中间是一条红色的宽带,上下各有一个蓝边,在红色和蓝色之间是白色的细条。在红色宽条中的靠旗杆一侧有一个白色圆底,内有一颗红色五角星。红色宽条象征崇高的爱国主义精神和顽强斗争的精神,白色象征朝鲜是一个单一的民族,蓝窄条象征团结、和平,红五角星象征革命传统。这面旗帜于 1948 年 9 月 8 日被选定为朝鲜的国旗。

1 : 2

国徽

　　呈椭圆形。由红色绶带束扎的稻穗构成椭圆形图案,顶上是一颗光芒四射的红五角星,其下有革命圣地白头山。国徽中间为水坝、水电站、高压输电线架等图案,底部的红色饰带上用朝鲜文写着"朝鲜民主主义人民共和国"。红五星象征革命,水电站和稻穗分别象征工人、农民,红色饰带束扎在国徽周围象征团结和胜利。

国庆日

　　9 月 9 日。1948 年 9 月 9 日,朝鲜民主主义人民共和国宣告成立。

国教

　　无。朝鲜"公民具有信仰自由。本权利保障修建宗教建筑和举行宗教仪式。宗教不许被利用为依靠外来势力危害国家的社会秩序"。

国家格言 —— 强盛大国。

国语 —— 朝鲜语。

国歌

《爱国歌》。创作于 1947 年,歌词作者为诗人朴世永,作曲者为音乐家金元均。如今的朝鲜国歌是 2005 年采用的。

爱国歌

看一轮旭日光芒,普照美丽富饶的土地矿藏,祖国三千里江山如画,五千年历史悠长。

灿烂辉煌的民族文化,培育人民光荣成长,让我们英勇保卫祖国,贡献出全部力量!

学白头山的英雄气概,发扬勤劳勇敢的精神,为真理团结斗争,经风雨意志坚韧。

按人民心愿建设国家,力量无穷像海涛奔腾,愿祖国永远光辉灿烂,永远繁荣昌盛!

国币

朝鲜元。朝鲜的通货单位。元下面的单位是钱,1 元等于 100 钱。朝鲜元共有 5 种版别,分别是 1947 年版、1959 年版、1978 年版、1992 年版、2009 年版。其中 1978 年版票面面额为 1 元、5 元、10 元、50 元、100 元 5 种。1992 年版票面面额为 1 元、5 元、10 元、50 元、100 元、200 元、500 元、1000 元、5000 元 9 种面额。

国花

金达莱。又名映山红、杜鹃花。金达莱是半常绿灌木,先开花后展叶,花开的时候叶子还没有长出,紫红色的花冠娇艳亮丽,而且是在严冬里孕育蓓蕾,早春吐蕾开花,首先报告春天的消息,所以朝鲜人民将金达莱看成是春天的使者,象征着坚贞、美好、吉祥和幸福。金达莱不仅可供观赏,而且是一种具有经济价值的植物。

国鸟

苍鹰。苍鹰自古以来深受朝鲜人民的喜爱。苍鹰栖息于朝鲜白头山一带等北部地区,秋天飞到中南部地区过冬。嘴尖利,爪尖锐,视力强,身长 48～61 厘米,重量 500～1000 克,翅膀长 28～40 厘米,展翅长 105～130 厘米。到了繁殖期,一年一次产 2～4 个卵。苍鹰敏捷、勇猛,常被用于捕捉野鸡。

韩国

Republic of Korea

全称"大韩民国"。韩国人(朝鲜人)的先民有三韩(马韩、辰韩和弁韩)后裔之说,虽然朝鲜半岛古代国名多变,但是"三韩裔""韩人"的称谓一直在民间流传,在中韩两国的法律文书中也时有出现。图为首都首尔青瓦台。

国都

首尔(旧译"汉城")。1945年大韩民国宣布定都汉城。2005年1月,汉字名称正式更名为"首尔"。首尔是朝鲜半岛上以及韩国最大的城市,韩国政治、经济、文化教育中心和全国海、陆、空交通枢纽,也是全球最繁华的现代化大都市和世界著名旅游城市之一。曾成功举办1988年夏季奥林匹克运动会和2002年世界杯足球赛。

国旗

太极旗。白底代表土地,中间为太极两仪,四角有黑色四卦。太极的圆代表人民,圆内上下弯鱼形两仪,上红下蓝,分别代表阳和阴,象征宇宙。四卦中,左上角的乾即三条阳爻,代表天、春、东、仁;右下角的坤即六条阴爻,代表地、夏、西、义;右上角的坎即四条阴爻夹一条阳爻,代表水、秋、南、礼;左下角的离即两条阳爻夹两条阴爻,代表火、冬、北、智。整体图案寓意为:天地人等万物都在一个无限的范围内永恒运动、均衡和协调,象征东方思想、哲理和神秘。

2:3

国徽

国徽图案最后修订于1948年,1950年正式启用。图案中央为一朵盛开着的五瓣木槿花。底色的白色象征着和平与纯洁,黄色象征着繁荣与昌盛。中间圆形为红蓝阴阳图案,寓意与国旗相同。两边环衬饰带上写着"大韩民国"。被韩国人称作"无穷花"的木槿花,象征世代生生不息以及坚韧不拔的民族精神。

国家格言

弘益人间。

国教

无。韩国是个多宗教的国家，各种宗教并存，除了佛教、基督教、天主教，还有天理教、太极教、性德教等。

国庆日

8 月 15 日。1948 年 8 月 15 日，大韩民国宣告成立，韩国从此摆脱日本殖民统治，获得独立。

国歌

《爱国歌》。1948 年 8 月 15 日大韩民国政府成立时没有正式颁布和确定国歌，因此《爱国歌》只是韩国的非正式国歌。但是韩国的电视节目每天播放结束时都会演奏《爱国歌》。1937 年，音乐家安益泰为《爱国歌》谱写了现在的乐曲。

爱国歌

神灵照顾我们的国土到永远，直到东海和白头山海枯石烂那一天，我们国家到永远！

无穷花，三千里锦绣河山！在人民守卫下，永远屹立我大韩！

南山的松树好像经过了武装，大风大雪下它们继续站岗放哨，我们的人民意志最坚强。

无穷花，三千里锦绣河山！在人民守卫下，永远屹立我大韩！

（歌词共四段，以上为前两段）

国语

韩语（朝鲜语）。从广义上来说，"朝鲜语"和"韩国语"指的是同一门语言。从狭义上来说，"朝鲜语"特指朝鲜方面惯用的表达方式，"韩国语"特指韩国方面惯用的表达方式。"朝鲜语"和"韩国语"在语调、字母排列顺序、子音字母数目上有较大区别。目前，韩国国立国语研究院把广泛使用的现代首尔（汉城）话当作标准韩国语。我国正式称呼以"朝鲜语"作为这种语言的名称。在其他民间领域，"朝鲜语"与"韩文"均可使用。

国服

韩服。1897 年大韩帝国成立后,开始称其民族服装为韩服。韩服是受汉服和蒙古服饰影响而形成的一种服装。韩服的线条兼具曲线与直线之美,尤其是女式韩服的短上衣和长裙上薄下厚,端庄典雅。现代韩服特指李氏朝鲜时代定型的民族服装,同时在 20 世纪因为实用原因进行了一些较大的改动,并没有完全依照李氏朝鲜时期韩服的真实版型。韩服的特色是设计简单、颜色艳丽和无口袋。在韩国通常认为韩服拥有三大美,即袖的曲线、白色的半襟以及裙子的形状。现代女性韩服的普通着装叫作"赤古里裙",包括赤古里和高腰背心裙。男性韩服的普通着装叫作"赤古里巴基",包括赤古里和裤。普通百姓再正式点的女性韩服,还在赤古里裙外增加唐衣,男性则在赤古里巴基外增加周衣。由于韩服穿着不便,除了在正式的场合和一些古老乡村外,现在的韩国人已很少在日常生活中穿着韩服。近年亦有人制造改良韩服(又称生活韩服)在日常生活中穿着。

国花

木槿花。又名无穷花或无极花。象征美丽和幸福永存。花开时节,木槿树枝会生出许多花苞,一朵花凋谢后,其他花苞会连续不断盛开,因此被韩国人称为"无穷花"或"无极花"。自古即为著名的绿篱植物。花朵美丽,花期甚长,而且坚忍无比、生机勃勃,是一种生命力很强的花卉,象征着大韩民国坚忍的民族性格。每年的 7~10 月,是木槿花绽放的季节。

喜鹊。喜鹊是留鸟,自古以来深受人们喜爱。韩国有很多关于它的美丽的神话传说,民间将它作为"吉祥"的象征。

国鸟

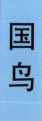

国币

韩国元。由韩国中央银行韩国银行发行。韩币有纸币和硬币两种。纸币有1000韩元、5000韩元、10000韩元、50000韩元4种。现流通的硬币有10韩元、50韩元、100韩元、500韩元4种（10韩元是最小单位）。

国 树

松树。松树具有旺盛的生命力，能在贫瘠山地生长，不惧严寒酷暑，四季常青，代表着坚强不屈的精神。它孤独、正直、朴素，是真正的强者。韩国人以松树象征坚贞不屈、庄严朴素和孤傲顽强的民族性格。

国 兽

老虎。韩国山多，当年老虎曾非常多，甚至被称为"老虎之国"。尽管如今的韩国已经没有了老虎，但是老虎仍是韩国人最喜欢的动物之一，几乎等同于神或人的化身。在韩国古籍中，老虎也被称为山君，将老虎崇拜和山岳崇拜融合在一起，老虎成为山神或者山神的使者。韩国人也将老虎的勇猛视为军队的象征。韩国民间认为，老虎懂得知恩图报，知道帮助孝子。也就是说，老虎也是孝子和报恩动物的化身。在韩国的一些文学作品中，老虎也经常以审判者角色出现，象征着正义的力量。韩国百年名校高丽大学直接将虎头当作学校的校徽。校方解释说，虎是韩民族的神灵，具有勇猛、决断、敏捷、威严的特征。

越 南

The Socialist Republic of Viet Nam

全称"越南社会主义共和国"。1802年，阮福映灭西山朝，建立阮朝，之后接受中国清朝嘉庆帝的册封为"越南国王"，正式建立新国号为"越南"。这也是越南名称的由来。图为胡志明市红教堂。

国 都

河内。是越南北部最大城市和全国第二大城市及政治中心。地处红河三角洲西北部，临近海洋，气候宜人，四季如春。

国 旗

金星红旗。国旗旗面为红色，旗中心为一枚五角金星。红色象征革命和胜利，五角金星象征越南劳动党对国家的领导，五星的五个角分别代表工人、农民、士兵、知识分子和青年。

2：3

国 徽

呈圆形。红色的圆面上方镶嵌着一颗金黄色的五角星；下端有一个金黄色的齿轮，象征工业；圆面周围对称环绕着两捆由红色饰带束扎的稻穗，象征农业；金色齿轮下方的饰带上用越文写着"越南社会主义共和国"。国徽图案是1956年选定的。

国庆日

9月2日。1945年9月2日，宣布独立为越南民主共和国。

国教

无法定国教。国内存在佛教、天主教、和好教与高台教。

国家格言

独立，自由，幸福。

国语

越南语。

国歌

《进军歌》。杜友益作词，文高作曲。《进军歌》于 1945 年"八月革命"前产生于越北解放区。1976 年 7 月 2 日，统一的越南国会通过决议，确定《进军歌》为全国国歌。

进军歌

越南军团，
为国忠诚，
崎岖路上奋勇前进。
枪声伴着行军歌，
鲜血染红胜利旗。
敌尸铺平光荣路，

披荆建立根据地。
永远战斗为人民，
飞速上前方。
向前！
齐向前！
保卫祖国固若金汤。

越南军团，
旗标金星，
指引民族脱离火坑。
奋起建设新生活，
打破枷锁一条心。
多年仇恨积在胸，

为了幸福不怕牺牲。
永远战斗为人民，
飞速上前方。
向前！
齐向前！
保卫祖国固若金汤。

国币

越南盾

国树

木棉。木棉树属于速生、强阳性树种，树冠总是高出附近周围的树群，以争取阳光雨露。木棉这种奋发向上的精神及鲜艳似火的大红花，被人誉为"英雄树""英雄花"。

国花

莲花。越南虽说没有法定意义上的国花，民间却把莲花作为国花，以它作为力量、吉祥、平安、光明的象征，还把莲花比喻为英雄和神佛。

老挝

The Lao People's Democratic Republic

全称"老挝人民民主共和国"。"老挝"在老挝语中意为"人"或"人类"。是中南半岛上的一个内陆国家。图为位于首都万象的佛教圣地塔銮。

国　都

万象。万象在老挝语中意为"檀木之城",据传从前此处多檀木。位于湄公河中游北岸的河谷平原上,隔河与泰国相望。由于城市沿湄公河岸延伸发展,呈新月形,因此又有"月亮城"之称。万象是老挝最大的工商业城市,各种寺庙、古塔处处可见。塔銮为老挝最著名的佛塔,塔身高大雄伟、金碧辉煌,是万象市的标志性建筑和东南亚重要名胜古迹之一。

国　旗

蓝色象征富饶美丽的国土以及人民热爱和平安宁的生活,红色象征革命以及人民不惜以鲜血为代价捍卫国家尊严,白色圆月象征老挝人民在老挝人民革命党领导下团结一致以及对未来的希望。

2 : 3

国　徽

圆形。由两束稻穗环饰的圆面上有具象征意义的图案:佛塔是著名古迹,是老挝的象征;齿轮、拦河坝、森林、田野等分别象征工业、水力、林业;稻穗象征农业。两侧的饰带上写着"和平、独立、民主、统一、繁荣昌盛",底部的饰带上写着"老挝人民民主共和国"。

国庆日

12 月 2 日。1975 年 12 月 2 日,首届全国人民代表大会宣布废除君主制,成立老挝人民民主共和国。

国教

国民多信奉佛教。

| 国家格言 | 和平、独立、民主、团结、繁荣。 |

| 国语 | 老挝语为官方语言。 |

国歌

《老挝人民颂歌》。西沙纳·西山作词,童迪·松托内维企作曲。

老挝人民颂歌

任何时候老挝人民都把祖国称赞,
坚决提升老挝人民尊严。
决不容帝国主义和卖国贼再变天。
坚决斗争到凯旋,让国家繁荣展现。

统一心灵、精神和活力,团结无间,
当家做主宣布权利,各族人民平权,
老挝国家的独立和自由,全民守得严。

国花

塔树花。又名鸡蛋花,夹竹桃科的落叶小乔木,其花瓣洁白,花心淡黄,极似蛋白包裹着蛋黄,因此得名。每年4~5月陆续绽放,香气浓郁,沁人肺腑。实际上,鸡蛋花除了白色之外,还有红、黄两种,都可提取香精制造高级化妆品、香皂和食品添加剂;也可将鲜花晒干后供泡茶,俗称鸡蛋花茶,有治疗热痢、润肺解毒之功效。鸡蛋花树形美观,茎多分枝,奇形怪状,千姿百态;叶似枇杷,冬季落去后,枝头便留下半圆形叶痕,像缀有美丽斑点的鹿角。树皮薄而呈灰绿色,富含有毒的白色液汁,可用来外敷,医治疥疮、红肿等症。木材白色,质轻而软,可制乐器、餐具或家具。

国币

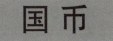 基普

缅甸

The Republic of the Union of Myanmar

全称"缅甸联邦共和国"。国名源于缅族族名,梵文意为"坚强、勇敢"。别称"万塔之国"。是东南亚的一个国家,也是一个历史悠久的文明古国。图为仰光大金塔。

国都

内比都。2005 年,缅甸政府将首都从境内最大城市仰光迁至新都内比都。内比都位于仰光以北 390 公里,属缅甸中部地区。从内比都再往北 320 公里是缅甸著名古都曼德勒。内比都坐落在勃固山脉与本弄山脉之间锡塘河谷的狭长地带,北依山势,南望平川,战略地位重要。

国旗

缅甸的新国旗为黄、绿、红三色,中有白色五角星。绿色代表和平、安宁、草木茂盛、青葱翠绿的环境,黄色象征团结,红色象征勇敢与决心。白色五角星代表坚强联邦永恒不坠。

2 : 3

国徽

现行缅甸国徽于 2010 年 10 月 21 日开始使用,由 1974 年版缅甸国徽修改而来。新国徽中间为缅甸版图,置于橄榄枝中间,两头圣狮为守护兽。两者之间为花卉状图案,顶端为一个象征独立的五角星。下方是饰带,写有缅文"缅甸联邦"。

国庆日

1 月 4 日。1948 年 1 月 4 日,缅甸脱离"英联邦"宣布独立,建立缅甸联邦。

国语

缅语为官方语言,通用英语。

国教

85%的国民信奉佛教。一些少数民族信奉伊斯兰教、天主教和印度教等。

《世界不灭》。集体作词,德钦巴同作曲。

世界不灭

我们将会永爱缅甸,这土地来自我们的祖先。
我们将会永爱缅甸,这土地来自我们的祖先。
为了我们的联邦,我们勇敢战斗把生命奉献。
我们为她尽责,把重担挑在肩。
团结一条心,把这珍贵土地保全。

国歌

国服

缅族的服饰与中国云南傣族的相似,不论男女下身都穿筒裙,男裙称"笼基",女裙称"特敏"。男上衣为无领对襟长袖短外衣,女上衣为斜襟短外衣。每逢重要场合,男人多戴缅式礼帽。缅甸妇女多留长发,挽发髻,戴鲜花,喜欢用缅语称"特那卡"的香木浆涂在脸上,有清凉、防晒、护肤作用。缅甸人不分男女、不分场合均穿拖鞋,军人除外。

龙船花。又名山丹,为茜草科常绿小灌木。由于是在端午节赛龙舟的时候开放,形状类似端午节时龙船上所装饰的红花,所以被叫作龙船花。俗语说,"月无百日圆,花无百日红",但龙船花

国花

因为花期较长而被人们称为"百日红"。它花瓣细小,状如瓜壳,数量众多,常常成簇成群地聚生于枝条之上,且颜色鲜红,似一团团熊熊燃烧的火焰,因此又有人称其为"绣球花"。

柚木。缅甸是世界上柚木产量最大、质量最好的国家,国际市场上柚木有85%都是产自缅甸。全国森林总面积的30%是柚木。柚木从生长到成材最少需要50年。由于生长期缓慢,其密度及硬度较高,不易磨损,所以它是人类用钢铁造船以前世界上最好的造船材料。缅甸柚木曾被缅甸封建王朝钦定为皇家木料,也是当今世界级珍稀昂贵木种,被誉为"万木之王""缅甸之宝"。

国币

缅元

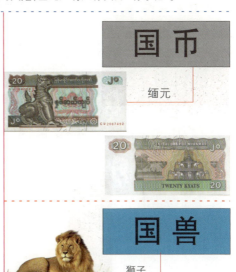

国兽

狮子

国树

印度

The Republic of India

全称"印度共和国"。国名得自印度河。是世界四大文明古国之一，世界第二大人口大国，金砖国家之一，全球软件、金融等服务业重要出口国。图为泰姬陵。

国 都	新德里。位于德里西南，是德里的新城。是全国政治、经济和文化中心，印度第二大城市。

国 旗	自上而下由橙、白、绿三个相等的横长方形组成。橙色象征勇敢和牺牲精神；白色象征纯洁的

真理；绿色象征信心；中间的"阿育王法轮"，既象征真理与神圣，又表示进步、轮回。

2：3

国 徽	1950年，印度以这些古老的雄狮图案作为国徽，象征悠久的文化和历史。图案来源于阿育王石柱顶端的石刻，图形台基上站立着4只金色的狮子，象征信心、勇气和力量。台基四周有4个守卫四

方的守兽：象、马、牛、狮。守兽之间雕有法轮。底部的印度文为"唯有真理得胜"。

国庆日

1月26日。1950年1月26日，印度议会通过了《印度共和国宪法》，印度建立共和国。

国教

80%以上的国民信奉印度教，其余信奉伊斯兰教、基督教、锡克教、佛教、耆那教等。

国家格言

唯有真理得胜。

国语

印地语、英语为官方语言。

《人民的意志》。拉宾德拉纳特·泰戈尔作词、作曲。

国歌

人民的意志

印度由你掌握支配精神和命数,这名字唤起雄心遍布:辛德、吉甲拉特、马拉塔、达罗毗荼、奥利萨、孟加拉和旁遮普;回响自温迪亚、喜马拉雅山麓。朱木拿、恒河奏乐加入,印度洋的波涛来唱和,向你歌颂向你祈福,所有人都等你救助。由你的双手支配着印度的命数,胜利胜利非你莫属!

印度卢比

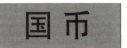

国币

荷花。印度荷花主要有 7 种,故有"七宝莲花"之称。印度是佛教的发祥地,荷花则是佛经中经常提到的象征物和吉祥物。

国花

菩提树。在印度、斯里兰卡、缅甸各地的丛林寺庙中,普遍栽植菩提树,它在《梵书》中被称为"觉树",被虔诚的佛教徒视为圣树。据传说,2500 多年前,佛祖释迦牟尼原是古印度北部的迦毗罗卫王国(今尼泊尔境内)的王子乔达摩·悉达多,年轻时为解救受苦受难的众生,毅然放弃继承王位和舒适的王族生活,出家修行,寻求人生的真谛。经过多年的修炼,终于有一次在菩提树下静坐了 7 天 7 夜,战胜了各种邪恶诱惑,终成佛陀。所以,后来佛教一直都视菩提树为圣树。

国树

国兽

印度虎。种类上属于孟加拉虎。印度人对虎又敬又畏,称虎"一半是上帝,一半是魔鬼",并希冀借虎之力驱除恐怖和灾祸。这种崇虎之风与中国传统的爱虎民俗十分接近。目前,印度已成为全球拥有老虎数量最多的国家,也是全世界唯一出产白虎的国家。印度人引以为豪,自称"虎之国"。

蓝孔雀。又叫印度孔雀。1963 年 1 月,印度政府宣布蓝孔雀为"国鸟",和神牛、老虎等动物一样严禁捕杀和伤害,这使蓝孔雀受到了来自宗教和法律两方面的保护,身贵而位尊。印度人世世代代喜爱蓝孔雀,多将其形象雕于建筑上,刻在器皿上或塑在庙宇中。

国鸟

斯里兰卡

The Democratic Socialist Republic of Sri Lanka

全称"斯里兰卡民主社会主义共和国"。别称"红茶之国"。"斯里兰卡"在僧伽罗语中为"乐土"或"光明富饶的土地"的意思。"兰卡"在梵文中为"岛屿"之意。故"斯里兰卡"又可说是"光明之岛"或"辉煌之岛"。图为班达拉奈克国际会议大厦。

| 国 都 | 科伦坡。有"东方十字路口"之称,从中世纪起,这里就是世界上重要的商港之一;在世界上享有盛誉的兰卡宝石,便是从这里源源不断地输往海外的。 |

国旗

旗面四周的黄色边框象征人民追求光明和幸福。左边框内绿色和橙色代表少数民族。右侧咖啡色代表约占全国人口 74% 的僧伽罗族;中间一头紧握战刀的黄色狮子,标志着该国的古称"狮子国",也象征刚强和勇敢。长方形的四角各有一片菩提树叶,表示对佛教的信仰。

1 : 2

国徽

图案中圆面的中心为一头狮子,其形象寓意同国旗。狮子周围环绕着莲花瓣,象征圣洁、吉祥;花瓣又为两穗福谷环绕,象征着丰收。图案下端是一只花碗,花碗两侧分别为太阳和月亮图案。国徽顶端为象征宗教信仰的佛教法轮。

国庆日

2 月 4 日。1948 年 2 月 4 日获得独立,定国名"锡兰",成为"英联邦"的自治领。

国教

佛教。佛教信徒占总人口的 70%。另有印度教、伊斯兰教、基督教等信众。

国语

僧伽罗语为官方语言,通用泰米尔语及英语。

国歌

《敬拜母亲斯里兰卡》。岸南达·萨马拉空作词、作曲。

敬拜母亲斯里兰卡

敬拜母亲,敬拜母亲,瑰丽的兰卡,千重风光,万种谷物和宝藏,花团锦簇,鲜果之邦。

生活中的母亲,为我们缔造快乐和幸福,

接受我们虔诚的祭拜吧,敬拜母亲。

我们的斯里兰卡,敬拜母亲。

你给我们带来科技,你还给我们送来真理,你是我们力量所在啊,我们心中的虔诚向着你。 (歌词共两段,以上为第一段)

国币
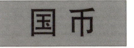

斯里兰卡卢比

铁木树。生长在斯里兰卡多雨湿润地区。此树外形呈圆锥状,高达30多米。刚刚发出的嫩叶颜色鲜红,随之逐渐成粉红色,成熟后才变成绿色,四季常青。

国树

黑尾原鸡

睡莲

国花

国鸟

国石

猫眼石

29

马尔代夫

The Republic of Maldives

全称"马尔代夫共和国"。马尔代夫得名于主岛马累岛,意为"花环群岛"或"宫殿群岛"。是印度洋上的一个岛国,也是世界上最大的珊瑚岛国,由1200余个小珊瑚岛组成,面积298平方公里(不计算领海),是亚洲最小的国家。图为岛上盛景。

国都　马累。是世界上最小的首都之一,面积只有1.5平方公里。它小得没有自己的飞机场,马尔代夫的飞机场是建在隔邻的瑚湖尔岛。

国旗

2:3

红色象征为国家主权和独立而牺牲的民族英雄的鲜血,绿色象征生命、进步和繁荣,白色新月表示和平、安宁及人民对伊斯兰教的信仰。

国徽　由一弯新月、一颗五角星、两面国旗、一棵海椰子树和一条绶带构成。新月和五角星表示马尔代夫的国教为伊斯兰教,国旗象征国家的权力和尊严,海椰子树代表人民的生计。底端的绶带上写着"马尔代夫"的传统名称。

迪维希语。同时流行阿拉伯语、僧伽罗语、英语、印地语、乌尔都语等。

国庆日　7月26日。1965年7月26日,马尔代夫宣布独立。

国教　伊斯兰教。

国语

国歌

《为我们的国家统一敬礼》。穆罕默德·贾美尔·迪迪作词，W.A.阿美拉台瓦作曲。

为我们的国家统一敬礼

为我们的国家统一让我们向国家致以敬礼,就用我们祈祷时用的民族语言向国家敬礼。

我们向着国家的象征鞠躬表示我们的敬意,并对我们国旗敬礼时为它的崇高尊敬无比。

我们尊敬我们国旗上面的三种颜色红白绿,红白绿三色象征着我们的成功幸福和胜利。

国币

拉菲亚

椰子树

国树

国花

粉玫瑰。1985年马尔代夫宣布粉玫瑰为其国花，象征着马尔代夫的宁静、优雅和纯洁。

阿富汗

The Islamic Republic of Afghanistan

　　全称"阿富汗伊斯兰共和国"。其国名的由来有两说：一种说法是在古波斯语中，"阿富汗"为"山上人"之意。因阿富汗国土五分之四是山地或高原，居民多数住在山区，古波斯人称这个地区的居民为"山上人"。另一种说法是"阿富汗"源于古代一个酋长的名字，或源于古犹太国王绍尔的侄子名，阿富汗人认为自己是阿富汗的后裔。图为首都喀布尔西北的巴米扬大佛。

国 都
　　喀布尔。是全国最大的城市，也是一座有 3500 多年历史的名城，著名的东西方通商要道"丝绸之路"上的重要城镇。

国 旗

2 : 3

2002 年 2 月 5 日，阿富汗采用新国旗。新国旗是根据 1964 年的阿富汗宪法设计的，由黑、红、绿三色长条图案和阿富汗国徽构成。左侧黑色象征过去战争年代的黑暗岁月；右侧绿色是伊斯兰教的颜色，代表阿富汗人民对伊斯兰教的信仰；中间红色象征为争取和平、抗击侵略者而战斗牺牲的战士的鲜血。

国 徽
　　金黄色圆形。两捆由绶带束扎的谷穗构成圆形的外围图案，主体由白色的清真寺壁龛与讲坛组成，两面旗帜位于其两侧。国徽的上部中央置有连着一个升起的太阳的"萨哈达"，意为"万物非主，唯有真主，穆罕默德是安拉的使者"。国名位于国徽下部。

国庆日
　　8 月 19 日。1919 年 8 月 19 日阿富汗宣布独立。

国家格言

万物非主，唯有真主，穆罕默德是安拉的使者。

国教

伊斯兰教。

国歌

阿富汗伊斯兰共和国国歌

《阿富汗伊斯兰共和国国歌》。巴布拉克·瓦萨作曲，阿卜杜勒·巴里·贾哈尼作词。

这是阿富汗的国土，全阿富汗人骄傲之处。和平的国土，坚强的国土，它的子民都威武。

这国家属于每个部族，国土属于俾路支人和乌兹别克人、普什图人和哈扎拉人、土库曼人和塔吉克人，还有阿拉伯人和哥贾尔人、帕米尔人和努里斯坦人、布拉哈维人和克兹巴什人，以及艾马克和帕沙伊人。

这国土将闪耀万古，如太阳在蓝天常驻；在亚洲的胸部，它将如心脏永远保住。

我们将追随唯一真主，我们都说"安拉伟大"，我们都说"安拉伟大"。

国语

新宪法规定，阿富汗不设国语。该国最大民族普什图族使用的普什图语和第二大民族塔吉克族使用的达里语同为官方语言，乌兹别克语等多种少数民族语言在其使用区域内享有和普什图语、达里语同等的官方语言地位。但是阿富汗的国歌必须用普什图语演唱。文字用阿拉伯字母书写。

国服

阿富汗各民族的服饰不同，大体上男性服装的特点为白色包头巾，花色形态不同的帽子，长至膝的白色长衫。阿富汗妇女的基本服装叫布尔卡。阿富汗女子成人后，都要穿上布尔卡。布尔卡以蓝色为主，据说这种颜色最符合端庄的要求。这种大长袍将女子从头到脚全部包了起来，虽然眼睛前面还有一个网状纱帘，但从外面仍看不到里面的眼睛。

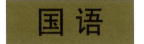
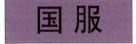

国币

阿富汗尼，简称阿尼。1阿富汗尼＝100普尔；币值：25、50普尔及1、2、5阿富汗尼。

国树

桑树

国花

郁金香

巴基斯坦

The Islamic Republic of Pakistan

全称"巴基斯坦伊斯兰共和国"。国名"巴基斯坦"源自波斯文,乌尔都语意为"清真之国"或"圣洁的土地"。图为首都伊斯兰堡费萨尔清真寺。

国都

伊斯兰堡。位于巴基斯坦东北部的波特瓦尔高原上,背依马尔加拉山,东临清澈的拉瓦尔湖,南面是一片葱绿的山丘,气候宜人,景色秀丽。1959年,巴基斯坦政府决定建都于此,1970年基本建成。

国旗

2 : 3

呈长方形。左侧是白色竖长方形,右侧为深绿色长方形,中央有一颗白色五角星和一弯白色新月。白色象征和平,代表国内信奉印度教、佛教、基督教、袄教的居民和少数民族;绿色象征繁荣,同时代表伊斯兰教。新月象征进步,五角星象征光明,新月和五角星还象征对伊斯兰教的信仰。

国徽

颜色同国旗,呈深绿色和白色。顶端是五角星和新月图案,中间是盾徽,盾面分为四部分,分别绘有棉花、小麦、茶、黄麻四种农作物。盾徽两侧饰以鲜花、绿叶,下端的绿色饰带上用乌尔都文(巴基斯坦国语)写着"虔诚,统一,戒律"。

国庆日

3月23日。1940年3月23日,穆罕默德·阿里·真纳领导下的穆斯林联盟在拉合尔召开全国会议,通过了建立巴基斯坦的决议。1947年6月,英国公布"蒙巴顿方案",同意印、巴分治。8月14日,巴基斯坦宣布独立,成为英联邦的自治省。1956年3月23日,成立巴基斯坦伊斯兰共和国。

国家格言 — 虔诚,统一,戒律。

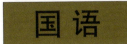

国语

乌尔都语、英语为官方语言。

国歌

《保佑神圣的土地》。阿布尔·阿萨尔·哈菲斯·尤隆杜里作词,埃赫马德·G.查格拉作曲。

保佑神圣的土地

祝福你,祖国,你最美丽,你最神圣。巴基斯坦,你是坚强不屈的象征,你是信仰的干城。神圣祖国的命令,就是人民的力量。民族、国家、政权永沐荣光,实现我们的企望。新月和明星的旗,指引着前进的路。过去的历史、现在的光荣、未来的企望,象征真主的保护。

国教

伊斯兰教。97%以上的国民信奉伊斯兰教。政府按国民的宗教信仰,一般把穆斯林称作"多数民族",而把非穆斯林国民称为"少数民族"。巴基斯坦的伊斯兰教内部派系林立,大小派别有七八十个,但主要派别有逊尼派和什叶派。逊尼派人数占全国穆斯林的75%,什叶派人数占20%。

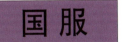

国服

巴基斯坦的服饰特色集地域传统、宗教习俗和民族风格于一身。"格米兹"和"谢尔瓦尔"是巴基斯坦男性最普遍的服装,以至于有"国服"之称。格米兹是一种过膝的长衫,胸前开半襟,两侧开衩。谢尔瓦尔则是一种宽大的长裤,腰部打褶裥。

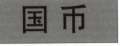

国币

巴基斯坦卢比。现巴基斯坦流通的硬币有1卢比、2卢比、5卢比;纸币有10卢比、20卢比、50卢比、100卢比、500卢比、1000卢比及5000卢比共7种。5卢比的纸币已经退出流通,被5卢比的硬币取代。

素馨花。中国称茉莉花。

国花

尼泊尔

Federal Democratic Republic of Nepal

全称"尼泊尔联邦民主共和国"。"尼泊尔"在尼泊尔语中意思为"中间的国家",指其地处中国和印度两国之间。别称"亚洲山国""高山王国"。图为博达纳特大佛塔。

国都

加德满都。历史名城,位于中部巴格玛蒂专区的加德满都河谷。1768年成为尼泊尔首都。为全国政治、经济、文化中心和交通枢纽。居民主要为尼瓦尔人,寺庙和古迹很多。

国旗

是世界上唯一三角形的国旗,由上小下大、上下相叠的两个三角形组成。旗面为红色,旗边为蓝色。红色是国花红杜鹃的颜色,蓝色代表和平。上面的三角形旗中是白色弯月、星图案,代表皇室;下面三角形中的白色太阳图案来自拉纳家族的标志,太阳和月亮图案代表人民盼望国家如同日月一样长久的美好愿望。两个旗角表示喜马拉雅山脉的山峰。

4:3

国徽

国徽大致呈圆形。中部底图是世界第一高的珠穆朗玛峰,峰顶飘着尼泊尔国旗,峰底依次是丘陵和平原。浮在地貌底图之上的是白色尼泊尔地图和女性与男性握手图样。在整个图案的外围,左右两边环绕着尼泊尔国花杜鹃,花束下方有稻穗图案。底部基座是弧形的红绶带,上面用梵语写着"母亲与祖国重于上天"。

国庆日

9月20日。

国家格言

母亲与祖国重于上天。

国语

尼泊尔语为国语,上层社会通用英语。

国教

国民多信奉印度教,7.8%的人信奉佛教,3.8%的人信奉伊斯兰教,信奉其他宗教的人口占2.2%。

36

国歌

《唯一百花盛开的国度》。帕拉迪普·赖作词,安珀·古荣作曲。

唯一百花盛开的国度

我们尼泊尔人,
是百花编成的花团。
领土主权从梅吉向着马卡里延伸。
我们尼泊尔人,
是百花编成的花团。
领土主权从梅吉向着马卡里延伸。
积聚着万千个万千个自然的遗产。
勇士们的鲜血换来了独立和安稳。
知识之地和平之地特莱高原山坡。
我们不可分割的亲爱祖国尼泊尔。
多元民族宗教,文化多么广博。
我们进步的国家,万岁万岁尼泊尔。

尼泊尔卢比

国币

国花

杜鹃花,也称喜马拉雅杜鹃。耐寒的高山杜鹃以其翠绿欲滴的叶片,五颜六色的花瓣,给喜马拉雅山带来清新色彩和生命气息。

国兽

虹雉。又名"九色鸟"。是一种典型的高山鸡类,长着色彩绚丽的羽毛。一般生活在海拔2600~4500米,终年被云雾笼罩着的高山针叶林、高山草甸和杜鹃灌木丛中。

国鸟

黄牛。尼泊尔政府于1962年宣布黄牛为其"国兽",并颁布了保护黄牛的《国兽法》。每年8月,尼泊尔人为黄牛举办传统节日"圣牛节"。

不丹

The Kingdom of Bhutan

全称"不丹王国"。别称"神龙之国""山顶王国""森林之国""花卉之国""云中国度"等。"不丹"在当地语言中叫"竺域",意为雷、龙之地。"不丹"在梵语中意为"西藏的边陲"。图为该国的传统建筑。

国 都

廷布。全国的政治、宗教、文化中心。地处喜马拉雅山南麓,旺河从城市穿过。城市海拔2500多米。

国 旗

呈长方形。由金黄色和橘红色的两个直角三角形组成,中间一条白色的飞龙,四个爪子各抓一颗白而亮的宝珠。龙象征着国家的权力。金黄色象征国王的权力和作用。橘红色是僧侣长袍的颜色,象征佛教的精神力量。四颗白珠象征威力和圣洁。

2：3

国 徽

圆形。雌雄双龙图案代表国名的含义——雷霆万钧之龙图,双龙踏在意味着纯净之土的莲花之上,并托着光明之火;四方皇冠和珠宝象征王室的权力,雷电代表世俗与宗教之间的和谐。

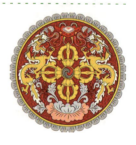

12月17日。1907年12月17日,不丹第一任国王乌金·旺楚克废除德布王,自任国王登基,建立不丹王国,集政教大权于一身,并规定国王世袭。从此每年的12月17日成为不丹国庆日。

国庆日

国教

藏传佛教(噶举派)。75%的国民信奉佛教,25%的国民信奉印度教。很多人家中都摆着佛龛。

国家格言

一个国家，一种民族。

国语

不丹语"宗卡"为官方语言，尼泊尔族居民使用尼泊尔语。

《神龙王国》。格雅尔敦·达朔·廷雷·多尔基作词，阿库·通密作曲。

国歌

神龙王国

神龙王国里弥漫着檀香，卫士保障着宗教与世俗共享。

高贵和光荣的陛下，坚守着不变的理想，保障着王权世代相传。

如同佛祖教义的灿烂辉煌，人民将有和平与幸福的阳光。

走在不丹首都廷布的街头，能看到不丹女子身穿齐脚踝的"基拉"裙；男子都宽衣肥袖，上身穿着名为"果"的传统长袍，挽着雪白整齐的袖口，下着齐膝裙和长筒袜。

国服

国币

努尔特鲁姆。不丹早期发行的硬币多为手工锤制银币，币面用宗卡文，较难辨认。不丹货币与印度卢比等值。币面有国王头像、佛教八吉图案等。

国花

蓝花绿绒蒿。又称"西藏罂粟"。罂粟科绿绒蒿属。生长于海拔 3000~4000 米以上的流石滩和冰川前缘。绿绒蒿共有 49 种，除了一种产于西欧外，其他主产于亚洲中南部。中国云南境内的横断山脉是绿绒蒿家族的中心。

孟加拉国

The People's Republic of Bangladesh

全称"孟加拉人民共和国"。国名来源于民族名称，因为这里原是古代孟加人的居住地。别称"黄麻之国"。孟加拉国河流纵横，密如蛛网，是世界上河流最稠密的国家之一；而且池塘众多，星罗棋布，被称为"水泽之乡"和"河塘之国"。图为首都达卡国民议会厅。

国都 达卡。坐落在恒河三角洲平原梅格纳河和帕德马河的交汇处，是全国政治、经济和文化中心。有"清真寺之城"之称，市内有 800 多座清真寺。

国旗 绿色象征活力和绿色大地，红色圆轮象征经过流血斗争的黑夜之后升起的一轮红太阳。

3：5

国徽 中心图案是国花睡莲，花下几条波浪线象征恒河和布拉马普特拉河；稻穗组成的花环顶端饰有黄麻叶，突出国家的农业特产；均匀排列的五角星代表建国的四原则：民族主义、社会主义、世俗主义和民主主义。

3月26日。1971年3月26日，东巴基斯坦即后来的孟加拉国宣布独立。

民族主义、社会主义、世俗主义和民主主义。

国语是孟加拉语，英语被广泛使用。

国庆日

国教 伊斯兰教。国民信奉伊斯兰教的占 88.3%，信奉印度教的占 10.5%。

国家格言

国语

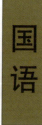

《金色的孟加拉》。拉宾德拉纳特·泰戈尔作词、作曲。

国 歌

金色的孟加拉

我的金色的孟加拉，我爱你！

你的天空、你的空气，永远把我的心化作旋律，就如同一支长笛。

啊，我的母亲，在那春季，芳香来自你的芒果林里，令我兴奋如狂。啊，激动无比！

啊，我的母亲，在那秋季，在你丰收的稻田里，我看见到处展现着甜美面容笑眯眯。

啊，多么美丽，多么含蓄，多么真挚又多么亲昵！

你铺开了什么棉被在河岸上和菩提树底？

啊，我的母亲，从你嘴里吐出的词句，好像甘露送到我耳里。啊，激动无比！

啊，我的母亲，要是悲戚，你的脸上满是忧郁，泪水也充满在我眼里。

塔卡

国 币

睡莲。莲花花语为忠贞与爱情，孟加拉人将莲花视为美好吉祥的象征。

国 花

波罗蜜。波罗蜜是世界上最重的水果，一般重达 5~20 千克，最重超过 50 千克，加之果实肥厚柔软，甘甜可口，香味浓郁，故被誉为"热带水果皇后"。

国 果

榕树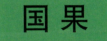

国 树

喜鹊

国 兽

国 鸟

孟加拉虎

哈萨克斯坦

The Republic of Kazakhstan

全称"哈萨克斯坦共和国"。国名取自民族名"哈萨克"。"哈萨克"一词约于 14 世纪出现在土耳其语和俄语文献，其本义是"独立、飘泊"，原指来自中亚的突厥和蒙古混血的游牧民族。图为哈萨克斯坦总统府。

国 都

阿斯塔纳。伊希姆河绕城而过，生态环境良好。它是哈萨克斯坦工农业的主要生产基地、全国铁路交通枢纽。哈萨克语中"阿斯塔纳"意思为"首都"。

国 旗

1：2

呈长方形。旗面为浅蓝色，旗面中间是一轮金色的太阳，其下有一只展翅飞翔的雄鹰。靠旗杆一侧有一垂直竖条，为哈萨克传统的金色花纹图案。浅蓝色是哈萨克人民喜爱的传统颜色；花纹图案常在哈萨克民族的地毯、服饰中见到，显示出哈萨克人民的聪明和智慧。金色太阳象征光明和温暖，雄鹰象征勇敢。哈萨克斯坦于 1991 年 12 月独立后采用此国旗。

国 徽

呈圆形。圆面中间是哈萨克人的毛毡帐篷圆顶图案，两侧为天马所扶持。上端是一颗五角星，下端的饰带上用哈萨克文写着"哈萨克斯坦"。

国庆日

12 月 16 日。1991 年 12 月 16 日，哈萨克斯坦宣布独立。

国语

哈萨克语和俄语为官方语言。

国教

国民大多信奉伊斯兰教（逊尼派），信奉的其他宗教是东正教、基督教、佛教。

《我的哈萨克斯坦》。词作者是朱玛肯·哈之米德诺夫和努尔苏丹·纳扎尔巴耶夫，曲作者是沙士·卡尔达雅科夫。

国歌

我的哈萨克斯坦

天空上的金太阳，田野上金粟粮。
英雄的所在就是我的家乡。
早在远古时我们已放光芒，我们哈萨克人自豪又强壮。
啊，我的家乡！啊，我的家乡！
我是您的花儿开放，我是您的歌儿高唱。
家乡！我的祖国哈萨克斯坦！
我有无际河山，未来大道通畅。
我有人民独立自主团结如一家。
我们快乐国民有如挚友一般，我们快乐民众迎接新的时代。
啊，我的家乡！啊，我的家乡！我是您的花儿开放，我是您的歌儿高唱。
家乡！我的祖国哈萨克斯坦！

坚戈。它在 1993 年 11 月开始使用，取代原来的俄罗斯卢布。

国币

男人夏天穿白衬衣、宽裤，戴绣花小帽，冬天穿毛皮大衣、高筒皮靴。妇女爱穿肥大连衣裙，头戴尖顶帽或插上羽毛。

国服

郁金香

国花

吉尔吉斯斯坦

The Kyrgyz Republic

全称"吉尔吉斯共和国"。国名以民族名命名，"吉尔吉斯"意为"草原上的游牧民"。吉尔吉斯是中亚古国，历史达两千多年，经历多个王朝与文化。图为首都比什凯克胜利广场。

国 都　　比什凯克。1991 年 2 月前称伏龙芝。全国的政治、经济、文化、科学中心，中亚地区重要的中心城市。

国 旗　　旗面为红色。一轮金色的太阳悬于中央，太阳图案中间有一个圆形的图案。红色象征胜利，太阳象征光明和温暖，圆形图案代表国家的独立、统一和民族的团结、友好。

3：5

国 徽　　圆形上有一只展翅的雄鹰，背后是山峰和太阳。雄鹰象征自由，太阳照耀山川象征繁荣富强，周围装饰的是稻穗与棉桃。国徽上的文字是国名。

国庆日　　8 月 31 日。1991 年 8 月 31 日，吉尔吉斯最高苏维埃通过国家独立宣言，正式宣布独立，改国名为吉尔吉斯共和国。

国教　　70% 的国民信奉伊斯兰教，多数属逊尼派；其次为东正教和天主教。

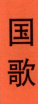

国歌

《吉尔吉斯共和国国歌》。Z.萨蒂可娃和 S.库列娃作词,N.达尔列索娃和 K.摩尔多瓦萨诺娃作曲。

吉尔吉斯共和国国歌

高原、山谷和平原,这是我们土生土长的神圣大地。

我们的祖辈生活在真主庇荫下,时刻捍卫着他们的祖国。

来吧,吉尔吉斯人民,来争取自由! 站起来而活跃! 创造你的财富!

我们为人人开放自由,友谊和团结在我们心头。

吉尔吉斯斯坦大地,我们的祖国,闪耀着承诺的光芒。

人民的美梦成真,自由的旗帜在飘扬。

我们是祖先的继承人,我们将把人民的恩惠传给子孙。

国语为吉尔吉斯语,俄语为官方语言。

国语

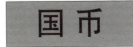

国币

索姆。1993 年 5 月 3 日,索姆在该国正式发行。

乌兹别克斯坦

The Republic of Uzbekistan

全称"乌兹别克斯坦共和国"。以民族名命名。"乌兹别克"的含义是"自己统治自己"，即"独立"。乌兹别克斯坦是著名的丝绸之路古国，历史上与中国通过丝绸之路有着悠久的联系。图为首都塔什干独立广场。

国 都

塔什干。是中亚地区最大的城市和重要的经济、文化中心，也是古丝绸之路上重要的商业枢纽之一。全年日照充足，有"太阳城"之称。

国 旗

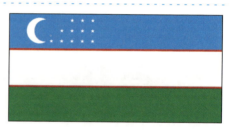

1 : 2

1991年启用的新国旗。旗面自上而下分别为浅蓝、白、浅绿三色平行宽带，在白色和浅蓝、浅绿色宽条之间为两道红色细条。在浅蓝色宽带左侧有一弯白色新月和12颗白色五角星。

国 徽

呈圆形。图面上有一只展翅的吉祥鸟，背景是冉冉升起的太阳和碧绿的原野。圆面上端为一颗八角星。星内绘有一弯新月和一颗五角星。圆周两侧为饰带捆束的棉桃和麦穗。

国庆日

9月1日。1991年8月31日宣布独立，确定每年9月1日为国庆日。

国教

国民多信奉伊斯兰教。

国歌

《乌兹别克斯坦共和国国歌》。阿杜拉·阿里波夫作词,木塔尔·布尔哈诺夫作曲。

乌兹别克斯坦共和国国歌

我自由的国家屹立,好运和新生属于你,你自己以及朋友伴侣,啊,亲爱的!繁荣,啊!知识与科学创造者不停息,愿你的火焰永远放光明!亲爱的乌兹别克斯坦,你的山谷是黄金地,我们祖先的雄心是你的指引!伟大人民在纷乱时代里奋斗,把世界乐园建立在这片土地。啊!富饶的乌兹别克,你的信念不会失去,年轻一辈是你强劲的双翼!和平的使者,独立的火炬,啊!伟大的祖国,繁荣兴旺永无绝期!亲爱的乌兹别克斯坦,你的山谷是黄金地,我们祖先的雄心指引着你!伟大人民在纷乱时代里奋斗,把世界乐园建立在这片土地。

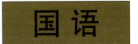

国语

乌兹别克语为官方语言,通用俄语。

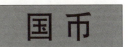

国币

苏姆

土库曼斯坦

Turkmenistan

国名以土库曼民族名命名。"土库曼"的含义是"突厥人的地方"。另有"沙漠牧场"之别称。土库曼斯坦石油、天然气资源丰富，是该国的支柱产业。图为首都阿什哈巴德的独立柱。

国 都　阿什哈巴德。是全国的政治、经济、文化和科学中心，也是中亚地区的重要交通枢纽。

国 旗

2:3

呈长方形。旗面为深绿色，靠旗杆一侧有一条垂直宽带通过旗面，宽带中自上而下排列着 5 种地毯图案。旗面上部中间有一弯新月和 5 颗五角星，月和星均为白色。绿色是土库曼人民喜欢的传统颜色；新月象征光明前途；5 颗星象征人类的 5 种器官功能：视、听、嗅、味、触；五角星的 5 个角象征宇宙物质的状态——固态、液态、气态、晶态和等离子态；地毯图案象征土库曼人民的传统观念和宗教信仰。土库曼斯坦于 1991 年 10 月宣布独立，采用现国旗。

国 徽

呈八角星形，底色为绿色，中心由三个同心圆组成。外圆周上绘有 7 个带绿叶的白色棉桃、两束金色的麦穗、一弯白色新月和 5 颗白色五角星；中间圆周上绘有 5 种地毯图案，代表 5 个民族；内圆面上是土库曼人为之自豪的阿哈尔捷金马。

《独立、中立的土库曼斯坦》。集体作词,维利·穆哈托夫作曲。

独立、中立的土库曼斯坦

I

我准备为祖国把生命献上,
祖先的精神子孙代代传承,
神圣的国土上国旗在飞扬,
这是伟大中立国家的象征!
民族的故土,主权的江山,
是伟大的土库曼人民开创,
光明和赞歌是内心的灵魂,
永远繁荣兴盛土库曼斯坦!

II

我们国家各族人民大团结,
祖先的血脉在不朽地流淌,
艰苦磨难不会把我们压垮,
让我们把荣誉和辉煌提升!
民族的故土,主权的江山,
是伟大的土库曼人民开创,
光明和赞歌是内心的灵魂,
永远繁荣兴盛土库曼斯坦!

国 语

土库曼语为官方语言,通用俄语。

国庆日

10 月 27 日。1991 年 10 月 27 日宣布独立,改国名为土库曼斯坦。

马纳特

棉花。棉花是其主要农作物,国徽上也有棉桃。

国教

国民大多信奉伊斯兰教(逊尼派),俄罗斯族和亚美尼亚族信仰东正教。

国币

国花

塔吉克斯坦

The Republic of Tajikistan

全称"塔吉克斯坦共和国"。国名得自塔吉克民族名。图为首都杜尚别友谊广场的索莫尼纪念碑。

国 都

杜尚别。位于吉萨尔盆地,海拔 750~930 米,在瓦尔佐布河及卡菲尔尼甘河之间。杜尚别是在一个村子的基础上兴建起来的,自 1925 年起称市。1925 年以前称基什拉克(意为"村"),1925~1929 年称杜尚别(原译为"久沙姆别",意为"星期一",因每星期一的集市而得名),1929~1960 年称斯大林纳巴德,1961 年后改称杜尚别。1991 年 9 月成为宣布独立的塔吉克斯坦共和国的首都。

国 旗

1991 年独立后采用的国旗。由红、白、绿三个长方形组成,中央绘有一项王冠和 7 枚五角星。红色象征胜利,白色代表宗教信仰,绿色象征繁荣和希望,王冠和五角星图案象征国家的独立和主权。

1:2

国 徽

圆形。图案中间为王冠和 7 颗五角星以及旭日初升之象,两侧为红、白、绿三色饰带扎束的棉桃和麦穗,下方为一本打开的书。

9 月 9 日。1991 年 9 月 9 日,塔吉克斯坦共和国宣布独立,确定该日为"共和国独立日"。

国庆日

《塔吉克斯坦共和国国歌》。古纳扎尔·克尔迪作词，苏雷曼·裕达科夫作曲。

塔吉克斯坦共和国国歌

我们热爱的河山，
我们高兴见到你的不凡。
让你的幸福和繁荣永不断。
这日子是我们自古所期盼，
我们在你的旗帜下挺立昂然。
祖国万寿无疆，
我自由的塔吉克斯坦！
（歌词共三段，以上为第一段）

国教

国民多数信奉伊斯兰教，多数属逊尼派。

塔吉克语为国语，通用俄语。

国语

塔吉克人传统的民族服装以棉衣和夹衣为主，没有分明的四季换装。男子着肥大的白色衬衫、灯笼裤，外罩一件宽大长袍。束腰带或方巾，头戴绣花小帽或缠头巾，脚穿软质皮靴。女子穿一种类似丝绸做成的灯笼裤，配长衬衫或外罩彩裙，头扎白纱巾、丝绸巾或戴绣花小帽，饰物有珠子、珊瑚项链、手镯、耳环等。

国服

国币

索莫尼

沙特阿拉伯

Kingdom of Saudi Arabia

全称"沙特阿拉伯王国"。"沙特"一词，取自王国创始人的名字伊本·沙特（1880~1953），在阿拉伯语中意为"幸福"。别称"世界石油王国"，石油储量和产量均居世界前列。位于该国西部的城市麦加是伊斯兰教创始人穆罕默德的诞生地，是伊斯兰教徒朝觐圣地。图为首都利雅得高达311米的王国大厦。

国都

利雅得。在阿拉伯语中是"花园"的意思。1932年成为沙特阿拉伯王国首都，全国第一大城市，是全国商业、文教和交通中心。坐落在阿拉伯半岛中部哈尼法谷地平原上。随石油收入增加而改建成为现代化城市，是世界上发展最快的首都之一。

国旗

呈长方形。绿色的旗面上用白色的阿拉伯文写着伊斯兰教的一句名言：万物非主，唯有真主，穆罕默德是安拉的使者。下方绘有宝刀，象征圣战和自卫。绿色象征和平，是伊斯兰国家所喜爱的一种吉祥颜色。国旗的颜色和图案突出地表明了该国的宗教信仰，表明沙特阿拉伯是伊斯兰教的发源地。

2：3

国徽

由两把交叉着的宝刀和一棵枣椰树组成。宝刀象征圣战和武力，以及捍卫宗教信仰、保卫祖国的决心和意志；枣椰树代表农业，象征沙漠中的绿洲。

国家格言

万物非主，唯有真主，穆罕默德是安拉的使者。

国庆日

9月23日。1932年9月23日，沙特阿拉伯王国宣告成立。这一天也是国家独立日。

国歌

《敬爱的国王万岁》。依布拉欣·卡哈法吉作词,阿都·拉曼·阿尔哈提卜作曲。

敬爱的国王万岁

奔向那光荣高峰! 你向天上造物主赞颂。

飘扬绿旗如光明象征! 真主伟大! 真主伟大!

啊,我的国家,祝您国运长久,那是全体穆斯林的光荣!

国王万岁,国旗万岁,国家万岁!

伊斯兰教为国教。逊尼派约占 85%,什叶派约占 15%。

国教

官方语言为阿拉伯语,通用英语。

国语

沙特阿拉伯男子的传统服装,是一种长垂及地的大袍。它宽松肥大、无领长袖,平时以白色为主。按照伊斯兰教规,妇女的全身均需用长袍和面纱遮盖。因此,沙特阿拉伯妇女通常会身穿

国服

一件黑色长袍,将自己的周身包裹严实;头上所戴黑色面纱遮盖住面容,仅把双眼露在外面。

国币

沙特里亚尔。辅币名称库尔什、哈拉拉;币值有 1、5、10、25、50、100 哈拉拉;1 里亚尔 =20 库尔什 =100 哈拉拉。

枣椰树。沙特人视枣椰树为吉祥树,并将其作为民族与国家的象征。如果把石油比作"黑色金子",那么,在他们眼中,椰枣就是"绿色金子"。到沙特人家中做客,热情的主人总是以椰枣招待。沙特国徽的中心图案是一棵高大的绿色枣椰树,表示这个沙漠占全国面积一半以上的国家对绿色的向往。

国树

乌丹玫瑰

国花

阿拉伯联合酋长国

The United Arab Emirates

因由 7 个酋长国联合组成而得名,简称阿联酋,别称"油海七珍"。阿联酋是一个盛产石油的西亚沙漠国家。图为全球首家七星级酒店迪拜帆船酒店。

国 都

阿布扎比。位于阿拉伯半岛的东北部、波斯湾沿岸的一个三角形小岛上,由海边几个小岛组成,有桥梁相通,退潮时可与大陆相连。北临波斯湾,南接大沙漠。市区占岛的大部分。也是阿联酋面积最大的成员国阿布扎比国的首府和阿联酋第一大城市。

国 旗

1:2

呈长方形。由红、绿、白、黑四色组成。这四色是泛阿拉伯颜色,代表穆罕默德后代的几个王朝。旗面靠旗杆一侧为红色竖长方形,右侧是三个平行相等的横长方形,自上而下分别为绿、白、黑三色。红色象征祖国,绿色象征牧场,白色象征祖国的成就,黑色象征战斗。

国 徽

主体是一只黄色隼,翼羽黄白相间,尾羽为白色。隼胸前的圆形图案中绘有国旗图案,围以象征 7 个酋长国的五角星。隼爪下的红色饰带上,用阿拉伯文写着"阿拉伯联合酋长国"。

12 月 2 日。1971 年 12 月 2 日,由阿布扎比、迪拜、沙迦、富查伊拉、乌姆盖万和阿治曼 6 个酋长国组成联邦国家,阿拉伯联合酋长国宣告成立。1972 年 2 月 10 日,哈伊马角酋长国加入阿联酋。

国庆日

国歌

《阿拉伯联合酋长国国歌》。阿雷夫·阿尔·谢赫·阿卜杜拉·阿尔·哈桑作词,萨德·阿卜杜勒·瓦哈卜作曲。

阿拉伯联合酋长国国歌

万岁祖国,万岁联合的酋长国!

伊斯兰是信仰,《古兰经》是依托。

为真主我要使你更强盛啊,祖国!

祖国!祖国!祖国!祖国!真主保卫你远离恶魔;

我们誓要建设和劳作,真诚劳作,真诚劳作,活着就真诚磊落。

平安持久,国旗永飘在酋长国,它象征着阿拉伯。

我们为你奉献,鲜血为你准备着;

我们愿为你献上魂魄啊,祖国!

伊斯兰教。国民绝大部分是穆斯林。实行政教合一,对其他宗教人士奉行信仰自由的政策,是中东宗教政策最开放的伊斯兰国家,大多数国民是逊尼派,迪拜则以什叶派居多。

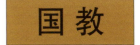

国教

阿拉伯语为官方语言,通用英语。

国语

国币

迪拉姆

雄鹰

国鸟

孔雀菊和百日菊。孔雀菊又名孔雀草,有细小的叶子、柔软的茎、朴素的花朵。一片一片的孔雀草,就像孔雀的羽毛一般,生命力极强,花语为"总是兴高采烈"。百日菊(又名步步高、火球花、秋罗),为直立性一年生草本,株高 40~120 厘米,茎部有毛;原产墨西哥,性强健,耐干旱,喜阳光,喜肥沃深厚的土壤,忌酷暑。

孔雀菊

百日菊

国花

阿 曼

The Sultanate of Oman

全称"阿曼苏丹国"。1970年8月9日正式定名为"阿曼苏丹国",简称阿曼。"阿曼"一词为"宁静的土地"之意。关于阿曼国名的由来有多种不同的传说。一种说法是以人名命名的:公元前2000年,国王阿曼以其名字命名了这片土地。有的说是以语义命名的,意为"居住地"。有的说是以地名命名的,名称来源于也门境内的阿曼河谷。有的说是以部落名命名的,以古代阿马里格人盖哈丹阿曼部落名命名。有的说是以船命名的,古代称"马干",反映了当地居民善于航海。图为首都老城门马斯喀特门。

国 都

马斯喀特。东南濒阿拉伯海,东北临阿曼湾,据守印度洋通往波斯湾的门户,战略位置重要。"马斯喀特"一词在阿拉伯语中意为"东西降落的地方"。

国 旗

呈长方形。由红、白、绿三色组成。红色部分在旗面上构成横的"T"字形图案,右侧上方为白色,下方为绿色。旗面左上角绘有黄色的阿曼国徽。红色象征吉祥,是阿曼人民喜爱的传统颜色;白色象征和平与纯洁;绿色代表大地。

1:2

国 徽

图案由一把阿拉伯饰刀、两把弯刀和一条饰带组成,表示阿曼人民保卫国家主权和独立的决心与力量。

国庆日

11月18日。

国 教

伊斯兰教。国民绝大多数信奉伊斯兰教,90%属逊尼派伊巴德教派。

国歌

《苏丹颂歌》。拉希德·本·阿济兹作词,詹姆斯·米尔斯作曲。

苏丹颂歌

愿上帝保佑苏丹赛义德安宁,
快乐光荣,
永得民心。
愿祖国保独立,
万古长新。
愿国旗长飘扬,
大荫永庇穆斯林。

国语

官方语言为阿拉伯语,通用英语。

阿曼男子在正式外交场合一般习惯穿无领长袍,扎缠头巾,并必须佩带饰刀。一般妇女喜饰金银,服装艳丽,她们喜大花图案,爱浓艳色彩。

国服

阿曼里亚尔。辅币名称"派沙",币值有 2、5、10、25、50、100、250、500 派沙。币值换算:1 里亚尔 =1000 派沙。

国币

乳香树

国树

郁金香

国花

也 门

The Republic of Yemen

全称"也门共和国"。1990 年 5 月由阿拉伯也门共和国(北也门)和也门民主人民共和国(南也门)合并组成。也门拥有 3000 多年文字记载的历史,是阿拉伯世界古代文明摇篮之一。图为首都萨那的哈吉尔宫。

国都

萨那。全国政治、经济、文化中心。位于阿邦山和纳卡木山之间的萨那盆地,平均海拔 2200 米。

国旗

2：3

呈长方形。旗面自上而下由红、白、黑色的三个平行相等的横长方形组成。红色象征革命、胜利,白色象征神圣、纯洁及对美好未来的希望,黑色象征过去的黑暗年代。

国徽

由鹰和国旗等图案组成。舒展双翼的鹰代表力量,也象征人民对美好未来的展望。鹰胸前的盾面上绘有著名的古迹马里卜水坝和传统经济作物咖啡树等图案,既表明了也门作为世界文明古国的悠久历史,也表明了其农业特点。两面国旗弧悬于鹰两翼之下,鹰爪下的饰带上用阿拉伯文写着"也门共和国"。

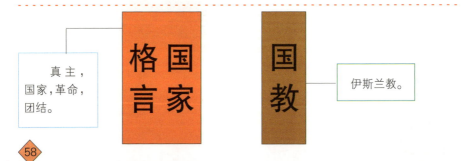

国家国歌

真主,国家,革命,团结。

国教

伊斯兰教。

国歌

《联合共和国》。阿卜都拉·阿卜都尔瓦哈卜·诺阿曼作词,阿约阿卜·塔利什·阿卜斯作曲。

联合共和国

啊,世界,我反复地歌颂。

让它的回声一重又一重。

记住,在我的欢乐中,为每个受难者披上我们节日的盛装。

啊,世界,我反复地歌颂。

怀着爱心和忠诚,我是人类的一分子。

我这辈子就是个阿拉伯人。

我的心为也门而跳动,没有外人可以把也门操纵。

5月22日。1990年5月22日,北、南也门宣布统一,成立也门共和国。

国庆日

阿拉伯语。

国语

也门里亚尔

国币

咖啡树

国树

世界上第一株咖啡树是在非洲之角发现的。咖啡的种植始于15世纪,此后数百年时间,也门是世界上唯一的咖啡出产地。当时,意大利威尼斯的很多商船队,经常与来自阿拉伯的商人进行香水、茶叶和纺织品交易,咖啡通过威尼斯传播到了欧洲地区并迅速普及。17世纪,荷兰人将咖啡引种到了自己的殖民地印度尼西亚,法国人也开始在非洲种植咖啡。

国花

咖啡花

卡塔尔

The State of Qatar

全称"卡塔尔国"。罗马史学家称该地区为"卡塔拉尔",由此演化成"卡塔尔"的国名。卡塔尔拥有相当丰富的石油和天然气资源。图为首都多哈漂亮的海滨路。

国 都

多哈。全国第一大城市,经济、交通和文化中心,波斯湾著名港口之一。位于卡塔尔半岛东海岸的中部,以盛产石油和天然气闻名。

国 旗

11:28

旗面靠旗杆一侧为白色,右侧为深褐色,白褐边界为9个锯齿。白色代表和平,褐色代表为战争所流的鲜血。9个锯齿代表卡塔尔国是由9个酋长国组成。

国 徽

呈圆形。由两个同心圆及具象征意义的图案组成。小圆的黄色圆面上,两柄弯刀构成弧形,内含海水、帆船,象征该国的海上贸易和渔业生产;岸上两棵繁茂的棕榈树,象征丰富的资源。大圆环的白色部分用阿拉伯文写着"卡塔尔国"。

国庆日

12月18日。和许多国家一样,卡塔尔将9月3日的"独立日"定为"国庆日"。但2008年,卡塔尔政府决定重设国庆日,将该国历史上溯至1846年萨尼·本·穆罕默德建立酋长国之时,于是国庆日也从原本的9月3日改到了12月18日。

国歌

《和平的赞歌》。舍赫·穆巴拉克·宾·塞夫·阿尔塔尼作词,阿杜布尔·阿兹·纳塞尔·欧拜丹作曲。

和平的赞歌

开天辟地的神灵誓言,传播光明的神灵誓言,卡塔尔将自由到永远。

忠诚者的灵魂令你庄严,在优秀的风格中转变,在先知的指引下向前。

在我心田,卡塔尔是一首光辉尊贵的诗篇。

卡塔尔这国土属于先贤,是他们保卫我们于苦难之年。

当鸽子们享有和平时间,战士们正做出牺牲奉献。

国民大多信奉伊斯兰教。

阿拉伯语为官方语言,通用英语。

国 语

国 币

卡塔尔里亚尔

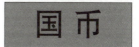

国 花

孔雀菊

巴 林

The Kingdom of Bahrain

全称"巴林王国"。国名阿拉伯语意为"两个海"。图为首都麦纳麦的巴林世贸中心。

国都

麦纳麦。全国第一大城市，全国政治、经济、交通、贸易和文化中心。享有"波斯湾明珠"的美誉。

国旗

呈长方形。旗面由红、白两色构成；靠旗杆一侧为白色，约占旗面的1／5，右侧为红色，红、白相接处为锯齿状。

3：5

国徽

为盾形。盾面为竖立的国旗图案，上部为白色，下部为红色。盾徽周围以红、白花冠装饰。

国庆日

12月16日。

国歌

《我们的巴林》。穆罕默德·苏德其·阿雅士作词。

我们的巴林

我们的巴林,平安的国土,友善的国度。

保护我们的是英明君主,立国有赖于先知的信条、正义与和睦。

巴林国长存万古!

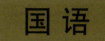

国教

国民中 95% 的人信奉伊斯兰教,其中什叶派占 75%。

阿拉伯语为官方语言,通用英语。

国语

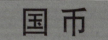

国币

巴林第纳尔

国花

杜鹃花

科威特

The State of Kuwait

全称"科威特国"。"科威特"在阿拉伯语中意为"小城堡"。图为首都科威特城集储水、旅游、观赏为一体的贮水塔。

国 都　科威特城。全国的政治、经济、文化中心和交通港口，也是波斯湾海上贸易的国际通道。

国 旗

1：2

旗面靠旗杆一侧为黑色梯形，右侧自上而下由绿、白、红三色的等宽横条组成。黑色象征打败敌人，绿色象征绿洲，白色象征纯洁，红色象征为祖国流血。

国 徽

一只隼展开双翼构成圆周；圆面上有蓝天、白云、碧浪和扬帆的海船，象征历史上的科威特；顶部是阿拉伯文国名"科威特国"；隼的胸前是盾形的国旗图案。

国庆日　2月25日（1950年）。第十一任埃米尔国家元首登基日。

国家格言　民主万岁。

国歌

《科威特国国歌》。阿玛德·穆沙立·埃·阿德瓦尼作词,伊布拉欣·纳西·埃·叟拉作曲。

科威特国国歌

科威特,科威特,科威特,
我的家园,生活平安有尊严;
你光明在前,你光明在前,
王权之下你光明在前。
科威特,科威特,科威特,
我的家园,啊,世代的摇篮;
留下记忆的是祖先,
它的运程能长远,一切都永恒显现,
这群阿拉伯人似神仙;
科威特,科威特,科威特,我的家园。

（歌词共四段,以上为前两段）

国教

伊斯兰教。国民中95%的人信奉伊斯兰教,其中约70%属逊尼派,30%为什叶派。少数人信奉印度教和基督教。

国语

阿拉伯语为官方语言,通用英语。

国币

隼

科威特第纳尔

国鸟

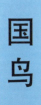

国花

孔雀菊

格鲁吉亚

Georgia

国名取自基督教传说中的圣格奥尔基·波别多诺斯基，据传他是格鲁吉亚的守护神。"格鲁吉亚"在希腊语中的意思为"田园"或"农业"。 1995 年 8 月 24 日该国政府通过新宪法，将国名定为"格鲁吉亚"。图为首都第比利斯市中心的自由广场。

国 都	第比利斯。位于格鲁吉亚中东部,是全国最大城市,库拉河由西向东穿过市区。是全国的政治、文化、经济、教育中心,同时还是重要交通枢纽,铁路干线将其同外、北高加索连接在一起。是外高加索著名古都。

国 旗 2004 年 1 月 14 日,格鲁吉亚议会通过法案,决定采用"白色旗底,五个红色十字架"的新国旗。这面新国旗为长方形,白色旗面,红色十字将旗面分为四部分,每部分上各有一个红十字。

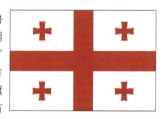

2 : 3

国 徽 中心图案为盾形,红色盾面上是一匹白色骏马,马上的骑士是英雄吉特里格奥尔基,他身穿铠甲,手持长矛,象征国家主权和独立。盾徽两侧各有一只狮子,上面是王冠,下面是白色饰带。

国庆日 5 月 26 日。1918 年 5 月 26 日摆脱沙皇俄国统治,成立格鲁吉亚民主共和国。

国家格言 力量源于团结。

《自由》。扎卡利亚·帕里亚什维利作词,大卫·马格拉泽作曲。

自由

祖国就是我的偶像, 为光辉的未来歌唱。
而偶像屹立于世上, 黎明的星星已升空,
山峦峡谷那么明亮, 把两海之间照亮。
是与上帝分享, 为了自由而歌唱,
今天我们自由舒坦, 为了自由而歌唱!

多数人信仰东正教,少数人信仰基督教新教、伊斯兰教。

格鲁吉亚语为官方语言,国民多通晓俄语。

拉里。面值有 1、2、5、10、20、50、100、200、500 九种。

亚美尼亚

The Republic of Armenia

全称"亚美尼亚共和国"。国名源于亚美尼亚民族名。图为首都埃里温的国家歌剧院。

国都　埃里温。全国经济、文化中心,外高加索古城之一,外高加索的机械工业中心。

国旗　呈长方形。自上而下由红、蓝、橙三个平行且相等的横长方形组成。红色象征烈士的鲜血和国家革命的胜利,蓝色代表国家丰富的资源,橙色象征光明、幸福和希望。

1 : 2

国徽　雄鹰和狮子支扶着盾徽,雄鹰在左,狮子在右。盾面上有四组图案,代表该国历史上的四个王朝,象征悠久的历史;中间为一个小盾,上绘有山峰、湖泊。盾徽下面有剑、断开的锁链、麦穗、羽毛。

国家格言　一个国家,一种文化。

国庆日　9月21日。1991年9月21日,亚美尼亚正式宣布独立。

《我的祖国》。米卡耶尔·伽扎里·纳尔班甸作词,巴尔塞赫·卡纳赤彦作曲。

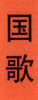
国歌

我的祖国

我们的祖国独立自由,历经多少年不懈奋斗。

是儿女们宣告的时候,亚美尼亚拥有主权与自由。

是儿女们宣告的时候,亚美尼亚拥有主权与自由。

弟兄,把这旗帜带走,它是我双手亲自缝绣,在那长夜里不眠不休,它曾被我的泪水浸透。

在那长夜里不眠不休,它曾被我的泪水浸透。

看吧,三色是它所有,这神圣标志是多么优秀。

愿它闪耀在敌人前头,愿亚美尼亚兴盛永久。

愿它闪耀在敌人前头,愿亚美尼亚兴盛永久。

死亡在处处等候,人生只能够一次拥有,但神圣的是献出血肉,捍卫自己的民族自由。

但神圣的是献出血肉,捍卫自己的民族自由。

基督教 ——— 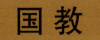 国教

亚美尼亚语,国民多通晓俄语。 ———  国语

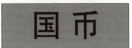 国币

德拉姆

阿塞拜疆

The Republic of Azerbaijan

全称"阿塞拜疆共和国"。阿拉伯语意为"火的国家"。是东欧和西亚的"十字路口"。图为首都巴库的火焰大厦。

国 都

巴库。全国的经济、文化中心，里海最大港口。位于阿普歇伦米岛南部，是石油工业中心，有"石油城"美誉。也是古丝绸之路上的一座名城。

国 旗

1：2

呈长方形。由三个平行的横长方形相连而成，自上而下分别为浅蓝、红、绿三色。红色部分中间有一弯新月和一颗八角星，月和星均为白色。蓝色代表里海，红色代表进步与光明的未来，绿色象征高加索山。弦月与星星代表伊斯兰教，星星和八道光芒象征国内八个部族团结一致。

国 徽

呈圆形。三个同心圆，颜色分别为浅蓝、红、绿。圆面上有一颗白色八角星，星中心为火苗，象征当地丰富的石油天然气资源。圆周下边饰有麦穗、棉花，象征丰富的自然资源。

国庆日

5月28日。1981年5月28日，该国资产阶级成立阿塞拜疆民主共和国。

国歌

《阿塞拜疆进行曲》。1918 年阿塞拜疆首次宣布独立后于第二年制定,由阿穆德·加瓦德作词,于泽尔·哈策贝育夫作曲。但因 1920 年成立苏维埃政权,此歌曲未被使用。1991 年苏联解体后,新政府重新确定此曲为国歌。

阿塞拜疆进行曲

阿塞拜疆,阿塞拜疆!
啊,大好河山,你的孩子是英雄好汉!
我们的生命准备为你献上,
我们的鲜血准备为你流淌。
三色旗尊贵地飘扬!
三色旗尊贵地飘扬!
牺牲了人民千百万,
你成了战斗的疆场,
每个捐躯的战士都是英雄好汉。

你正日益兴旺,
我的生命为你献上,
我对你的热爱一千零一次地往心里深藏。
为保持你一切无恙,
为你的旗帜受人景仰,
所有年轻人都自愿担当。
大好河山! 大好河山!
阿塞拜疆! 阿塞拜疆!
阿塞拜疆!

国民主要信奉伊斯兰教。此外,也有极少数国民信奉东正教、天主教。

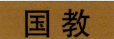

官方语言为阿塞拜疆语(属突厥语系),通用俄语。

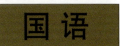

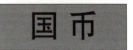

马纳特

伊 朗

The Islamic Republic of Iran

全称"伊朗伊斯兰共和国"。别称"欧亚陆桥""东西方空中走廊"。"伊朗"在古波斯语中意为"光明"。图为位于亚兹德的阿米尔乔赫马克清真寺。

国 都

德黑兰。德黑兰为古老国家的新首都，建都历史200余年。位于横亘伊朗北部的厄尔布士尔山的南麓，不仅是伊朗最大的城市，也是西亚最大的城市。

国 旗

4 : 7

自上而下由绿、白、红三个平行的横长条组成。白色横条正中，镶嵌着红色的伊朗国徽图案。绿色代表农业，象征生命和希望；白色象征神圣与纯洁；红色表示伊朗有丰富的矿产资源。白色长方形上下两边各用阿拉伯文书写着 11 句"真主伟大"，共 22 句，这是为纪念伊斯兰革命胜利日——1979 年 2 月 11 日，伊朗历为 11 月 22 日。

国 徽

图案由四弯新月、一把宝剑和顶端的一本《古兰经》组成。四弯新月和一卷经书巧妙地组合成阿拉伯文中的"安拉"(真主)；顶端的《古兰经》象征伊斯兰教高于一切，是国家行为准则的依据；新月象征伊斯兰教，宝剑象征人民坚定的信念和无比的力量；圆形图案又象征真主"安拉"的伊斯兰思想遍及全球。

国家格言

独立，自由，伊斯兰共和国。

国庆日

2 月 11 日 (1979 年)。伊斯兰革命胜利日。

国歌

《伊朗伊斯兰共和国国歌》。集体作词,哈桑·里阿赫伊作曲。

伊朗伊斯兰共和国国歌

地平线上升起东方的太阳,

那是真正宗教的奇观。

巴曼,我们光辉的信仰。

啊,阿訇,独立与自由在我们灵魂深藏。

啊,烈士们！你痛苦的呐喊在我们耳际回响。

坚定、持续、永恒,伊斯兰共和国在伊朗。

伊斯兰教。98.8%的国民信奉伊斯兰教,其中91%为什叶派,7.8%为逊尼派。

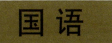

官方语言为波斯语。

伊朗里亚尔

玫瑰。红色玫瑰花象征爱、爱情和勇气,淡粉色传递赞同或赞美的信息,粉色代表优雅和高贵,深粉色表示感谢,白色象征纯洁,黄色象征喜庆和快乐。

国花

伊拉克

The Republic of Iraq

全称"伊拉克共和国"。"伊拉克"在阿拉伯语中意为"血管",因伊拉克位于两河流域,水网密布,犹如人体血管。图为位于萨马拉的伊拉克螺旋塔。

国都

巴格达。伊斯兰世界历史文化名城,跨底格里斯河两岸,也是国际东方快车的必经之地。

国旗

2：3

呈长方形。旗面自上而下由红、白、黑三个平行的横长方形相连组成,白色部分中间用阿拉伯文写着"真主至高无上"。红、白、黑、绿四色是泛阿拉伯色,分别代表穆罕默德后代的四个王朝:倭马亚、阿拔斯、法蒂玛和哈希姆。此外,红色象征勇猛和革命;白色象征宏大、高尚与和平;黑色代表石油;绿色象征土地,也是伊斯兰世界的传统颜色。

国徽

为一只萨拉丁雄鹰,象征古老的底格里斯河和幼发拉底河两大流域的文明和伊拉克人民的崇高、勇敢、强悍。鹰胸前的盾面为国旗图案,底座上用阿拉伯文写着国名"伊拉克共和国"。

国庆日

7月14日。1958年7月14日,以卡塞姆为首的"自由军官组织"推翻费萨尔王朝,成立伊拉克共和国。

国家格言

真主至高无上。

国教

伊斯兰教。国民中95%以上信奉伊斯兰教,少数人信奉基督教或犹太教。

国歌

2004 年伊拉克临时政府将《我的故乡》定为伊拉克新国歌。原词作者是巴勒斯坦人伊卜拉欣·赫费·投千，作曲者是瓦利德·乔治·戈米尔。在 1936 年巴勒斯坦民众反抗以色列占领的起义中首先唱出，很快便在整个阿拉伯世界流行，并曾一度成为巴勒斯坦代国歌。

我的故乡

我的故乡，我的故乡！
您的高山饱含荣光和美丽、庄严和秀丽，
您的大气包含生命和活力、美好和希望，
我能否看见您的繁荣稳定，
我能否看见您如繁星一般的光华，
我的故乡，我的故乡！

青年们满怀豪情为您的独立奋斗，
我们宁愿牺牲也不做敌人的奴隶，
我们要摆脱常年耻辱和悲惨的生活，
我们将重现我们的荣耀，
我的故乡，我的故乡！
（歌词共三段，以上为第一段）

官方语言为阿拉伯语，北部库尔德地区的官方语言是库尔德语，东部地区有些部落讲波斯语。通用英语。

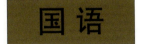

国语

国币

伊拉克第纳尔

枣椰树

国树

叙利亚

The Syrian Arab Republic

全称"阿拉伯叙利亚共和国"。古称"玫瑰的土地"。"叙利亚",阿拉伯语意为"高地";又称"沙姆",意为"左边"。图为首都大马士革的倭马亚大清真寺。

国都

大马士革。世界著名古城,被誉为"天国里的城市",位于叙利亚西南巴拉达河右岸。市区建在克辛山山坡上,迄今已有4500多年的历史。公元661年,阿拉伯倭马亚王朝在此定都。750年后属于阿拔斯王朝,后由奥斯曼统治4个世纪之久,独立前法国殖民者统治了30多年。目前,城中著名的古迹有倭马亚大清真寺、阿拉伯医学博物馆,以及基督教徒心目中的圣物凯桑门。

国旗

呈长方形。旗面自上而下由红、白、黑三个平行的横长方形相连构成,白色部分中有两个大小一样的绿色五角星,象征阿拉伯革命,红色象征勇敢,白色象征纯洁和宽容,黑色是穆罕默德已赢得胜利的象征,绿色是穆罕默德的子孙所喜爱的颜色。

2:3

国徽

由鹰和国旗图案等组成。一只展翅的鹰,胸前有盾形的国旗图案。盾形国旗下面是交叉着的两穗小麦,象征该国的农作物。底部的饰带上用阿拉伯文写着"阿拉伯叙利亚共和国"。

国家格言

团结,自由,社会主义。

国庆日

4月17日。1946年4月17日,叙利亚获得完全独立。

《卫国战士》。哈利·马达姆·贝作词、作曲。

卫国战士

你，祖国的战士，和平属于你，我们意志坚强，不向人屈膝。

你神圣的殿堂，阿拉伯故乡，你星星的座位将安然无恙。

叙利亚的平原是山上的城，耸立在云中，高出云层。

阳光普照祖国的壮丽河山，使人相信有一天它会更加昌盛。

我们的故乡啊美丽的天堂，说它像天堂其实就是天堂。

（歌词共三段，以上为第一段）

国民中 85% 的人信奉伊斯兰教，14% 的人信奉基督教。

阿拉伯语为国语，通用英语和法语。

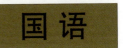

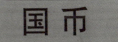

叙利亚镑

约 旦

The Hashemite Kingdom of Jordan

全称"约旦哈希姆王国"。此前称"外约旦",国名得自约旦河,希伯来语意为"水流急下"。图为约旦古城佩特拉。

国 都　　安曼。全国最大城市和经济、文化中心,安曼省省会,也是西亚地区一个重要商业中心、金融中心和交通中心。位于阿杰隆山脉东部的丘陵地带,临安曼河及其支流,因坐落在7个山头之上,故有"七山之城"之称。

国 旗　　旗面靠旗杆一侧为红色等腰三角形,内有一颗白色七角星;右侧自上而下为黑、白、绿三色的平行宽条。红、黑、白、绿是泛阿拉伯颜色。白色七角星象征《古兰经》开头的七节。

1：2

国 徽　　斗篷式。站在圆球上的阿拉丁雄鹰,象征伊斯兰教的影响遍及全球;鹰两侧为约旦国旗;国旗下有阿拉伯宝刀和弓箭,象征伊斯兰的胜利者;麦穗和棕榈枝,象征农业;底部的饰带上用阿拉伯文写着"约旦哈希姆王国国王祈祷""真主将赐给他幸福和帮助";华盖顶端的王冠,象征约旦是一个君主立宪国。

国家格言　　真主,国家,君主。

国庆日　　5月25日。1946年3月22日,外约旦同英国签订《伦敦条约》,废除了英国的委任统治,英国承认外约旦独立。同年5月25日,阿卜杜拉登基为国王。

国歌

《国王万岁》。阿卜杜勒·莫奈姆·勒法伊作词,阿卜杜勒·卡德·塔尼尔作曲。

国王万岁

国王万岁!
国王万岁!
他处最高地位,
他飘扬的旗帜享有无上的光辉。

92%以上的国民信奉伊斯兰教,属逊尼派;约6%的国民信奉基督教,主要是希腊东正教派。

国教

阿拉伯语为国语,通用英语。

国语

约旦第纳尔

国币

国花

黑鸢尾花。花形似兰,神秘高贵。每年的三四月雨季结束,深紫色近乎黑色的鸢尾花,在约旦到处绽放。

黎巴嫩

The Republic of Lebanon

全称"黎巴嫩共和国"。国名取自黎巴嫩山脉。"黎巴嫩"在希伯来语中是"白色山岭"之意,国名意为"白山之国"。境内有人类最早一批城市与世界遗产。图为巴勒贝克神庙古迹。

国 都

贝鲁特。是地中海东岸最大的优良海港城市,也是中东商业、交通、金融和文化中心。

国 旗

2:3

呈长方形。旗面上下为红色,中间为白色。白色部分中央是一棵黎巴嫩雪松,它在《圣经》中被称为植物之王。红色象征自我牺牲精神,白色象征和平,雪松代表挺拔、坚强、纯洁、永生。

国 徽

呈盾形。盾面上为斜置的国旗图案,只是三条色带自右上角往左下角倾斜。

国庆日

11月22日。1943年11月22日,黎巴嫩摆脱法国委任统治并宣布独立,成立黎巴嫩共和国。

国教

国民中54%的人信奉伊斯兰教,46%的人信奉基督教。

国歌

《黎巴嫩共和国国歌》。拉契德·纳克雷作词,瓦迪亚·萨布拉作曲。

黎巴嫩共和国国歌

全国人为了我们国家国旗荣光!

我们的勇气和文章受当代惊叹。

我们的山峦和峡谷涌现好儿男。

我们献身为了所有努力都完满。

全国人为了我们国家国旗荣光!

老人和儿童都等待着国家召唤:到时将如森林中的狮子共赴国难。

黎巴嫩永远在我们东方的心脏:愿真主庇护她直到末日的时光。

全国人为了我们国家国旗荣光!

（歌词共三段,以上为前两段）

阿拉伯语为官方语言,通用法语和英语。

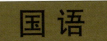

国 语

国 币

黎巴嫩镑

国树

雪松。雪松又称香柏、喜马拉雅雪松、喜马拉雅杉。原产于喜马拉雅山西部自阿富汗至印度海拔 1300~3300 米的山地。《圣经》中称之为"植物之王"或"神树"。8 月 6 日是黎巴嫩的雪松节,又称"耶稣变容节"。传说贝莎丽附近的卡迪沙山洞是耶稣的"变容地"。还有传说,夏娃就是在这片松林中偷吃禁果的。这些传说为生长在云雾笼罩的高山坡上的雪松增添了神秘色彩。

巴勒斯坦

The State of Palestine

全称"巴勒斯坦国"。是中东的一个国家,由加沙和约旦河西岸两部分组成,是一个由居住在巴勒斯坦地区约旦河西岸以色列占领区以及加沙地带的阿拉伯人所建立的国家。图为首都耶路撒冷的圆顶清真寺。

国 都

名义首都(也是以色列首都)耶路撒冷。1947年联合国第181号决议规定耶路撒冷国际化,由联合国管理。以色列占领整个耶路撒冷地区后,于1980年7月宣布耶路撒冷为其首都。1988年11月,巴勒斯坦全国委员会通过《独立宣言》,宣布耶路撒冷为新成立的巴勒斯坦国首都。

国 旗

呈长方形。旗面靠旗杆一侧为红色等腰三角形,右侧自上而下为黑、白、绿三色横条。对这面旗帜有不同的解释,其中一种为:红色象征革命,黑色象征奋斗建国的历史与死亡,白色象征革命的纯洁性;绿色象征对伊斯兰教的信仰。还有一种说法是:红色代表本土,黑色代表非洲,白色象征西亚的伊斯兰世界,绿色象征地势平坦的欧洲;红色和其他三色相接,标志着巴勒斯坦地理位置的特征及其重要性。

1 : 2

国 徽

非正式国徽。图案为一只萨拉丁雄鹰,图案中心有巴勒斯坦国旗。雄鹰下方书写着国名"巴勒斯坦"。

国家格言

统一、爱国、民族总动员。

国庆日

11月15日。1988年11月15日,巴勒斯坦全国委员会第19届会议通过《独立宣言》,宣布建立以耶路撒冷为首都的巴勒斯坦国。

《巴勒斯坦国国歌》。伊布拉欣·达维希作词，穆罕默德·萨林·弗莱菲尔、阿玛德·萨林·弗莱菲尔作曲。

国歌

巴勒斯坦国国歌

我的国土，我的国土，我的国土，我祖辈的国土。

我的国土，我的国土，我的国土，我的民族，我的决心、火焰和复仇的火山都为这不朽的民族。

我热血所憧憬的家园和国土。

我曾翻山越岭走上征途，我曾越过边界把困难克服。

我的国土，我的国土，强风般的决心和枪杆的怒火都在这不朽的民族。

决心抗争到底为我民族的国土。

巴勒斯坦是我的家园，巴勒斯坦是我的火炬，巴勒斯坦是我复仇的永恒国土。

我的国土，我的国土，永恒的民族，我在旌旗下的誓言向着苦难的烈火和国家民族。

我为游击而诞生，我为游击而成长，我为游击而亡故，直到光复我的国土。

我的国土，永恒的民族。

大多数国民信奉伊斯兰教。部分国民信奉犹太教、基督教。

国教

阿拉伯语。

国语

新谢克尔

巴勒斯坦至今没有自己的货币，使用以色列货币（新谢克尔）和约旦货币（第纳尔）。

国币

第纳尔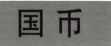

国花

国树

油橄榄。是一种著名的油料植物，它的果实能压榨名贵的橄榄油，它的枝条（橄榄枝）是和平的象征。

茉莉花

以色列

The State of Israel

全称"以色列国"。"以色列"在希伯来语中意为"神的勇士"。以色列工业化程度高，总体经济实力强，是中东地区经济发展程度、商业自由程度最高的国家。图为雅法古城海边。

国都

建国时定都特拉维夫，1950 年迁往耶路撒冷，未得到普遍承认。其政府所在地仍在特拉维夫，绝大多数同以有外交关系的国家仍把使馆设在特拉维夫。

国旗

呈长方形，旗面为白色，上下各有一条蓝色宽带。白、蓝两色来自犹太教徒祈祷时用的披肩的颜色，象征犹太精神。白色旗正中，是一个蓝色的六角星，这是古以色列国王大卫王之星，象征国家的权力。

8 : 11

国徽

为长方形盾徽。蓝色盾面上有一个七杈烛台，据记载此烛台为耶路撒冷圣殿中点燃祭坛的物件。烛台两旁的橄榄枝象征对和平与安宁的向往。底部是用希伯来文写的国名"以色列国"。

国家格言

大家都要当兵。

国庆日

5 月 14 日。1948 年 5 月 14 日以色列国正式成立。

《希望之歌》。纳夫塔里·赫尔兹·伊姆贝尔作词,塞缪尔·柯恩作曲。在 1897 年的第一届犹太复国主义者大会上首唱,以色列建国后将其确定为国歌。

国 歌

希望之歌

只要心灵深处尚存犹太人的渴望,眺望东方的眼睛注视着锡安山冈。我们还没有失去两千年的希望,做一个自由的民族,屹立在锡安山和耶路撒冷之上。做一个自由的民族,屹立在锡安山和耶路撒冷之上。

大部分国民信奉犹太教,其余信奉伊斯兰教、基督教和其他宗教。

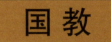

国 教

希伯来语和阿拉伯语为官方语言,通用英语。

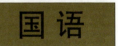

国 语

新谢克尔

国 币

国 花

油橄榄。原产地中海地区,世界热带及亚热带地区普遍栽培。常绿小乔木。花小、白色、芳香。果实椭圆形,成熟时黑色。果实俗称"油橄榄"(非蜜饯橄榄),为世界重要油料作物,用于制作橄榄油。

国 树

银莲花。亦称复活节花、风花。银莲花在希腊语中是"风"的意思。开花时节,可爱的花朵迎风摇曳,像在引颈期盼着什么,所以其花语是"期待"。

泰国

The Kingdom of Thailand

全称"泰王国"。泰国国名在泰语中为"自由之国"的意思,别称"千佛之国""黄袍佛国""大象之邦"。图为位于首都曼谷市中心的泰国大皇宫。

国 都

曼谷。有"佛庙之都"之誉。位于湄南河下游,距暹罗湾40公里,全市面积1568平方公里,是泰国政治、经济、文化、教育、交通运输中心及最大城市。曼谷市内河道纵横、货运频繁,有"东方威尼斯"之称。曼谷港是泰国和世界著名稻米输出港之一。此外,曼谷还与中国的许多城市建立了友好关系,如北京、上海、昆明等,跨国城际间交往常年不断。

国 旗

呈长方形。由红、白、蓝三色的5个横长方形平行排列构成。上下方为红色,蓝色居中,蓝色上、下方为白色。蓝色宽度相等于两个红色或两个白色长方形的宽度。红色代表民族,象征各族人民的力量与献身精神。泰国以佛教为国教,白色代表宗教,象征宗教的纯洁。泰国是君主立宪制国家,国王是至高无上的,蓝色代表王室。蓝色居中象征王室在各族人民和纯洁的宗教之中。

2:3

国 徽

图案为一只呈人身鸟翅形态的迦楼罗,是印度教和佛教典籍中记载的一种神鸟。其身肚脐以上如天王形。只有嘴如鹰喙,面呈愤怒状,露牙齿,肚脐以下也是鹰的形象。头戴尖顶宝座,头发披肩,身披璎珞天衣,手戴环钏。身后两翅向外展开,其尾下垂,散开。

泰语为官方语言。

民族,宗教,国王。

国庆日

12月5日。泰国前国王普密蓬·阿杜德诞辰日,同日为泰国父亲节。

国语

国家格言

国歌

《泰王国国歌》。鲁昂·萨拉努普拉潘作词，夫拉·陈·杜里洋作曲。

泰王国国歌

泰国人鲜血流在泰国之身，泰国每寸土地都属于泰国人。

因为国民始终团结，国家主权长久保持。

热爱和平但不怕战争，不许有人废独立施暴政。

全民准备把每滴血奉献，为国家安全、自由和兴盛。

90％以上的国民信奉佛教，宪法规定国王必须是佛教徒。其余国民信奉伊斯兰教、印度教、基督教等。

国教

泰铢。有 5、10、20、50、60、100、500、1000 等面额，还有 5、10、25、50 萨当及 1、5、10 铢铸币。辅币及进位为 1 铢等于 100 萨当。每种铸币的正面均铸有泰国前国王普密蓬·阿杜德头像。

国币

桂树。泰国人认为桂花象征吉祥，对着其金灿灿的花朵冥想，可使人的灵魂愉悦和丰富。泰国人既将其作为寺院的贡品，也作为药材、染料和木材使用。

国树

大象。泰国人视大象为国宝和最忠实的朋友，是胜利、昌盛、吉祥的象征。

国兽

睡莲。泰国地处热带季风气候区，高温、湿润，湖沼广布，为生产、繁育睡莲提供了得天独厚的条件，四处可见到莲花。泰国人民喜爱睡莲，还因为泰国是一个佛教国家，而莲与佛有着千丝万缕的联系。无论是如来佛所坐，还是观世音站立的地方，都有千层莲座。莲花象征圣洁、庄严与肃穆，而信佛之人一定深爱莲花。

国花

土耳其

Republic of Turkey

全称"土耳其共和国"。"土耳其"一词由"突厥"演变而来。在鞑靼语中,"突厥"是"勇敢"的意思,"土耳其"意即"勇敢人的国家"。图为位于伊斯坦布尔的蓝色清真寺。

国 都

安卡拉。位于小亚细亚半岛上安纳托利亚高原的中部,土耳其第二大城市,素有"土耳其的心脏"之称,是全国政治、经济、文化、交通和贸易中心。历史悠久,名胜古迹很多,如罗马时期的朱里安柱和奥古斯都庙等。

国 旗

2 : 3

旗面为红色,靠旗杆一侧有一弯白色弯月和一颗白色五角星。红色象征鲜血和胜利;新月和星象征驱走黑暗、迎来光明,还标志着土耳其人民对伊斯兰教的信仰,也象征幸福和吉祥。

国 徽

没有官方的国徽。土耳其护照上的图案为一弯新月和一颗五角星,寓意与国旗相同;有时将月和星置于一个红色椭圆形中,其上方写着"土耳其共和国",只用于使馆和外交部。

国家格言

祖国安宁,世界太平。

国庆日

10 月 29 日。1923 年 10 月 29 日,土耳其共和国成立。

国 语

土耳其语。

国 歌

《独立进行曲》。美赫美德·阿基夫·埃尔索伊作词,泽基·雍戈尔作曲。

独立进行曲

要无畏,别气馁,深红旗帜颜色不褪。

这是最后的炉火,为国家化成灰,我们确知它不白费。

这是我国的明星,它永放光辉;这是我国的明星,我的宝贝。

别皱眉,新月美,为你死我做好准备。

英雄国家快露笑脸让愤怒消退,免为你流血受罪。

自由是我国家的权利正轨,自由属我们信神寻真所归。

99%的国民信奉伊斯兰教,少数国民信仰基督教和犹太教。

国 教

国鸟

红翼鸫

国币

土耳其里拉

国花

郁金香。郁金香原产于土耳其。土耳其人钟爱郁金香，郁金香为热爱它的人们带来了多姿多彩的生活。郁金香的生物学名是 Tulipa，来自土耳其语，含义是郁金香花像包着头巾的穆斯林少女一样美丽。郁金香成为土耳其国花比荷兰还早。